LAURA SÁNCHEZ GUTIÉRREZ
@ TOQUEDERETOQUE

100

MANDACIERTOS

PARA

DOMINAR LA TECNOLOGÍA

(Y NO ELLA A TI)

SOMOS B

Primera edición: enero de 2025

Printed in Spain – Impreso en España

ISBN: 978-84-666-7962-6
Depósito legal: B-19.322-2024

Compuesto en Llibresimes, S. L.

Impreso en Gómez Aparicio, s.l.
Casarrubuelos (Madrid)

BS 7 9 6 2 6

A quienes caminan a mi lado, con su apoyo y amor incondicional, y a quienes siempre perdurarán (en mi corazón)

Papá, abuela Antonia y abuelo Paco, siempre conmigo, incluso entre estas líneas

ÍNDICE

LOS 100 *MANDACIERTOS*

Hay momentos en los que, de repente, algo tan simple como un truco tecnológico cambia por completo la manera en que vives tu día a día. Son esos pequeños descubrimientos que te hacen pensar: «¿Cómo no lo supe antes?». Son esos trucos del almendruco que, una vez que los conoces, se convierten en imprescindibles. ¡Bienvenido a *100 Mandaciertos para dominar la tecnología*!, un libro donde esas habilidades están a punto de multiplicarse por cien.

Este libro está estructurado en diez bloques temáticos sobre aspectos clave de la tecnología que siguen el orden alfabético, ya que todos son igualmente esenciales.

¿Y por qué Los 100 *Mandaciertos*? ¡Porque soy superfan de los juegos de palabras! Te voy a explicar qué significa para mí este nuevo concepto que he inventado (respetando, por supuesto, en todo momento el significado original):

- «Manda» hace referencia a los Mandamientos pero, en este caso, se trata de los aprendizajes digitales. En realidad, aquí mandas tú: te enseñaré a controlar la tecnología.
- «Cierto» es una abreviación de «aciertos» porque cada uno de los cien trucos son un acierto seguro que querrás seguir al pie de la letra para hacerte más fácil el uso de tus dispositivos.

Todos están explicados de forma clara, sin tecnicismos y con un toque de humor (que siempre viene bien), tanto para aquellos a quienes la tecnología se les atraganta un poco como para todos los que, aunque ya se manejan en ella, quieran descubrir cosas nuevas y sacarle más partido.

Pero mejor no desvelo nada más... Solo te diré que, al final, acertarás siempre. ¡Y sin necesidad de milagros!

P(or) **D**(ecir algo): imagina... una niña con los auriculares puestos presentando a sus cantantes favoritos a todo pulmón y soñando con ser la próxima estrella de la radio. Pues esa era yo. ¿Mi emisora favorita? Los 40 Principales, por supuesto. Así comenzó todo.

A los catorce años decidí convertir mi pasión en algo tangible y creé mi blog *Música y Mucho Más*. Me pasaba horas escribiendo sobre canciones y artistas, y, de paso, diseñando el blog a mi gusto. Sin apenas darme cuenta, fui perfeccionando poco a poco de forma autodidacta mis habilidades de edición de fotos y vídeos hasta ¡volverse mi hobby favorito!

Llegado el momento de escoger una carrera, la decisión fue clara: Comunicación Audiovisual. Era la combinación perfecta de todo lo que me gusta. Mientras estudiaba, hice prácticas en el control de realización, la producción en cine y fotografía, e incluso realicé entrevistas a artistas para programas de televisión (locales, eso sí), y para festivales de cine y música. ¡Lo he probado casi todo! Quería conocer cada salida profesional, tanto delante como detrás de las cámaras.

Y así, después de graduarme, seguí explorando distintas facetas de mi carrera. Pero un día me vino a la mente una idea que llevaba tiempo rondándome: ¿por qué no crear mi propio espacio en redes sociales? Un lugar donde compartir todo lo que he aprendido y que me ha sido útil, mientras ayudo a quien lo necesite a desenvolverse en este mundo que no para de cambiar. ¡Un sueño que por fin está en marcha!

¡Por cierto, me llamo Laura Sánchez Gutiérrez!

P(or) **D**(ecir algo más) II: he creado un juego de adivinanzas, *Mandadivinanzas*, para que descubras una frase que te vendrá muy bien aplicar a partir de ahora. ¡Adivina, adivinanza!, ¿qué mensaje sorpresa se esconderá detrás de estas pistas?

¡Te explico cómo funciona!

Al terminar cada capítulo te encontrarás con una *Mandadivinanza* y tres posibles respuestas, cada una con su código binario. Tendrás que marcar la opción correcta y anotar el código al final del capítulo correspondiente.

Al final del libro te espera el desafío definitivo: ¡una sopa binaria! (es decir, una sopa de letras, pero de códigos binarios). Deberás localizar en la sopa los diez códigos vinculados a las respuestas correctas de las *Mandadivinanzas*.

Cuando los localices todos, se desvelará la frase se-creta que he preparado para que vaya sieeeeempre contigo.

¡Anímate a resolverlo, es muy sencillo (lo sabría hacer hasta yo)!

AMARÁS LA EXPLORACIÓN DE ANDROID SOBRE TODAS LAS COSAS

Aprovecharás estos conocimientos con fines productivos hasta en días festivos

En mi octavo cumpleaños, mis padres me dieron un paquete. Al abrirlo, encontré un teléfono de juguete muy parecido al que tenía de pequeña. Aunque me gustó porque me trajo muchos recuerdos, sinceramente esperaba algo más. Cuando estaba a punto de agradecerles el regalo, escuché un tono de llamada que provenía del fondo de la caja. Quité el papel de envoltura y encontré allí escondido un moderno móvil Android. Atendí la llamada y era mi hermana, que me telefoneaba desde la habitación para felicitarme. Mis padres estallaron en risas al ver mi expresión de sorpresa y alivio. Desde entonces guardo con cariño ambos teléfonos (el de juguete y mi primer móvil de verdad) como recuerdo de ese cumpleaños lleno de emociones encontradas.

1. Transforma tu Samsung en un cine en miniatura

¿Quieres llevar el sonido de tu móvil al siguiente nivel? ¡Sigue leyendo! Es fácil, facilísimo:

1. Abre los Ajustes.
2. Entra en Sonidos y vibración.
3. Busca la opción Efectos y calidad del sonido.
4. Una vez ahí, activa la pestaña Dolby Atmos y pulsa sobre ella para ver las opciones.
5. Elige el modo de sonido que más te guste: automático, película, música o voz.

Con este simple ajuste, tu móvil tendrá un sonido... ¡de película!

2. La fórmula secreta de Samsung para un sonido perfecto

Con el paso del tiempo, nuestra audición va cambiando, incluso puede haber una diferencia entre lo que oyes con cada oído. ¡Pero tu móvil Samsung (y yo) tenemos la solución!

¿Magia? No, tecnología.

1. Ve a Ajustes.
2. Entra en Sonidos y vibración.
3. Una vez ahí, pulsa en Efectos y calidad de sonido.
4. Presiona en Adapt Sound para elegir el preajuste que prefieras.
5. Si quieres encontrar el sonido más adecuado para ti, puedes pulsar en Probar mi audición para realizar una prueba. En este caso, pulsa Iniciar y sigue las instrucciones que veas en pantalla.

UN CONSEJO TE DEJO

Adapt Sound solo funciona si tienes los auriculares puestos.

¡Listo! A disfrutar de un sonido hecho a medida para tus orejotas.

3. Silencia tu Samsung ¡por tiempo limitado!

¿Sabías que puedes poner tu Samsung en modo silencio durante los minutos que quieras?
Es facilísimo:

1. Entra en Ajustes.
2. Accede a Sonidos y vibración y selecciona la opción Silencio.
3. Activa la pestañita de Silenciar temporalmente.
4. Pulsa en Silenciar durante y elige cuánto tiempo quieres que tu móvil esté en silencio (bien calladito).

A disfrutar de la tranquilidad... ¡hasta que se cumpla el tiempo!

4. ¡Olvídate de los iconos aburridos!

¡Dale un toque divertido a tu móvil con iconos personalizados!

Estos son los pasos a seguir:

1. Entra en la app Good Lock.
2. Asegúrate de seleccionar la opción Make up (en la zona inferior de la pantalla).
3. Descarga Theme Park y ¡prepárate para lo que viene!
4. Pulsa en la opción Icono de la parte inferior.
5. Dale al botón Crear nuevo.
6. Elige la forma para los iconos de tus apps entre todas las disponibles. ¡Incluso puedes personalizar los colores!
7. Cuando estés satisfecho con tu obra maestra, dale al icono de la esquina superior derecha para descargarla. ¡No olvides ponerle un nombre molón!
8. ¡Y listo! Tu nueva creación aparecerá en la pes-

taña Iconos. Podrás utilizarla pulsando sobre ella y dándole a Aplicar.

CONSEJOS TE DEJO

- Si quieres cambiar el estilo o los colores por otro diseño que hayas personalizado, solo tienes que volver a abrir **Good Lock**, seleccionar **Make up**, ir a **Theme Park** y luego, en la pestaña **Iconos...**, ¡selecciona o crea otros diseños!
- ¿Prefieres los iconos originales? ¡No hay problema! Repite el mismo proceso (abre **Good Lock**, pulsa en **Make up**, ve a **Theme Park** y luego presiona la pestaña **Iconos**), selecciona la opción **Default** y pulsa en **Aplicar**.

¿A qué esperas para hacer que tu móvil sea tan único como tú?

5. Tu móvil, tu estilo: ¡crea un panel de volumen único!

¿Quieres descubrir el secreto para tener un panel de volumen único y original? ¡Dale un giro de 180 grados!

Sigue estos pasos supersencillos:

1. Entra en la app Good Lock.
2. Pulsa en la opción Life Up (aparece en la esquina inferior derecha).
3. Descarga y accede a Sound Assistant.
4. Presiona en Crea tus propios colores del panel de volumen.
5. ¡Activa la pestañita para activarlo! Desliza hacia abajo y elige el efecto de luz, la textura, el tipo de control e incluso la forma.

CONSEJOS TE DEJO

- ¿Quieres volver al panel original? Sigue los mismos pasos: entra en la app **Good Lock**, pulsa en **Life Up**, entra en **Sound Assistant** y, por último, en **Crea tus propios colores del panel de volumen** y desmarca la pestañita para desactivarlo.

- ¿Te gustan los cambios? ¡Genial! Puedes modificar los colores y textura cuando quieras siguiendo los mismos pasos del tutorial.

Y ahora, ¡a presumir de panel de volumen!

6. Solución para que tu pantalla principal deje de parecer un Tetris a punto de explotar

¡No te preocupes más! Con este truco alucinante, tendrás espacio para todas tus apps sin que parezcan sardinas en lata.

¿Cómo?

1. Entra en la app Good Lock.
2. Presiona en Make up.
3. Descarga Home Up y ábrela.
4. Activa la pestañita.
5. Pulsa en Home Screen.
6. Desde aquí podrás elegir cuántas apps quieres que aparezcan en tu cuadrícula de pantalla principal, en la de aplicaciones o entre tus favoritas. ¡Tú decides!

¿A qué esperas para probarlo? Tus apps te lo agradecerán.

7. Cambia la forma de usar tu móvil a ~~tope~~ ^(toque)

¿Te imaginas abrir tu app favorita con solo dos o tres toques en la parte trasera de tu móvil? ¡Pues deja de soñar, porque es una realidad posible!

1. Abre la app Good Lock.
2. Selecciona la opción de la esquina inferior derecha, Life Up.
3. Descarga RegiStar y dale un toque para entrar.
4. Pulsa Back-Tap action y activa la pestañita que aparece en la parte superior de la pantalla.
5. Entra en Doble toque y pulsa en Abrir app. ¡Las opciones son infinitas, selecciona la aplicación que prefieras activar cada vez que pulses dos veces seguidas en la parte trasera de tu móvil!
6. Ve para atrás, selecciona Triple toque y repite los mismos pasos (entra en Abrir app y pulsa sobre la aplicación que mejor te venga).
7. ¡Ya solamente tendrás que darle dos toques o tres toques seguidos a la parte trasera de tu móvil para que se abran automáticamente las apps que hayas indicado!

El futuro está en la palma de tu mano... y en su espalda (de tu Samsung, ¡claro!)

8. ¡Tu móvil, a dormir!

Con estos pasos, tu móvil descansará tan a gusto como tú:

1. Entra en Ajustes.
2. Selecciona la opción Modos y rutinas.
3. Pulsa en Rutinas, que aparece en la esquina inferior derecha.
4. Luego pulsa en el icono con forma de brújula que aparece en la esquina superior derecha.
5. Presiona en la opción Batería y luego dale a Ahorrar batería por la noche.
6. Ahí podrás definir cuándo quieres que se active el modo ahorro. Indica el periodo de tiempo, así como el estado de la carga.

7. También deberás especificar cuándo quieres que finalice el modo de ahorro de energía. Tú decides.

8. ¡Misión cumplida! Pulsa en Guardar y, cada vez que se cumplan esas condiciones, se aplicará automáticamente.

UN CONSEJO TE DEJO

Si quieres hacer algún cambio, repite los pasos del tutorial hasta el paso 3 y desde ahí podrás editar o eliminar las rutinas que hayas registrado anteriormente.

¡Con este tip, tu móvil dormirá como un angelito!

9. ¡Adiós, capturas fallidas!

¿Acumulas y acumulas capturas de pantalla como si no hubiera un mañana (aunque no te hagan falta)? Es hora de dejar atrás ese desorden. No volverás a pasar horas buscando esas imágenes para eliminarlas una por una. ¡Ha llegado el momento de liberarte del caos y de disfrutar de una galería más limpia y organizada!

Con este tru-ca-zo podrás borrarlas *ipso facto*. ¿Cómo?

1. ¡Abre la app Good Lock.
2. ¡Dale un toque al botón que aparece abajo a la derecha, Life up.
3. ¡Entra en Nice Shot.
4. ¡Activa en la pestaña Añadir el botón eliminar.

¡Tachán! A partir de ahora se mostrará el botón de Eliminar en la barra de herramientas en el instante en que realizas una captura de pantalla, para que puedas borrarla de inmediato si así lo deseas.

¡Diles adiós a las *screenshots* que no te gustan y presume de eficiencia!

10. Mide con estilo: convierte tu móvil en una regla chic y funcional

¿Cuántas veces te ha pasado que necesitas medir algo y... ¡oh, no! ¿No tienes una regla a mano? ¡Se acabó el drama!

Con tu móvil y este truco alucinante tendrás una regla siempre disponible, lista para salvarte en cualquier momento.

1. Entra en Ajustes.
2. Pulsa en la sección de Pantalla.
3. Accede a Contenidos Edge y activa la pestañita.
4. Presiona en Contenidos y selecciona la opción Herramientas.
5. Dirígete a la pantalla principal de tu móvil, desliza el dedo de derecha a izquierda en el margen derecho y... ¡verás una brújula!
6. Pulsa en los tres puntitos que se esconden en la esquina superior derecha.
7. Selecciona la opción Regla y ¡abracadabra!

Con tu móvil, la precisión está a solo unos toques de distancia.

MANDADIVINANZA

No tengo forma ni peso,
pero muevo lo que toco.
Al encenderme, despierto,
y en la noche, soy el foco.
¿Qué soy?

OPCIONES:

a) El fuego – 00000

b) Una idea – 00001

c) La electricidad – 00010

Escribe aquí el código binario de la opción que hayas elegido:

2

NO TOMARÁS LOS TRUCOS DE APPLE WATCH EN VANO

Sacarás todo el potencial a tu reloj inteligente y se convertirá en tu mejor asistente

Una tarde de verano estábamos mi hermana y yo haciendo ejercicio por la playa mientras nos cronometrábamos cuando noté un revuelo cerca del muelle. Cuando miré hacia allá no me lo podía creer: un cantante internacionalmente conocido estaba saliendo de un chiringuito de la playa. Mi corazón comenzó a latir más rápido de lo normal por la sorpresa de verlo en persona y tan cerca. Nos acercamos a él para pedirle una foto y el cantante accedió amablemente. Mientras nos tomábamos la foto, mi smartwatch empezó a vibrar: «¡Alerta, frecuencia cardiaca elevada! ¿Estás emocionada o necesitas ayuda?». Mi reloj continuaba vibrando con notificaciones de *Modo SOS activado* debido a mi ritmo cardiaco acelerado. Intenté desactivarlo para que él no se percatara de lo que estaba sucediendo pero miró y leyó las notificaciones. Mi hermana explotó de la risa y el artista me dijo bromeando que mi smartwatch parecía más emocionado que yo. Regresamos a por nuestras toallas sin parar de reír por la situación y mi hermana me dijo que la próxima vez tendría que hacer primero unos ejercicios de yoga.

1. Perderse es cosa del pasado

¡Bienvenido al club de los viajeros que nunca se pierden! Si alguna vez te has sentido como un pez fuera del agua en una ciudad desconocida, este tutorial es para ti.

¡Diles adiós a esos momentos incómodos de confusión y giros equivocados!

1. Abre la app Mapas e indica tu destino.
2. Selecciona la forma en la que te vayas a desplazar: en coche, a pie, etc.
3. Dale a Ir para que aparezca en la pantalla del Apple Watch la ruta que tienes que seguir.

4. Si pulsas en las líneas de la parte inferior, aparecerá el mapa, para que así puedas ver todo el trayecto que deberás recorrer.
5. El reloj te avisará con vibraciones cada vez que tengas que girar.

¡Prepara tu reloj y ponte en marcha!

2. Hansel y Gretel 2.0: activa la ruta regresiva y nunca te pierdas

¡Te presento la función *retornar* de tu Apple Watch! Una vez que llegues a tu destino, regresar será tan sencillo como dar un chasquido de dedos con la opción Volver sobre tus pasos.
¿Cómo funciona?

1. Abre la app Brújula en tu Apple Watch.
2. Antes de iniciar la ruta, toca el icono de los pies (abajo a la derecha).
3. La brújula comenzará a registrar tu camino (como si fueras Hansel y Gretel dejando miguitas de pan).
4. Abre otras apps, bloquea la pantalla... ¡haz lo

que necesites! La brújula seguirá tu ruta como si fuera un paparazzi.

5. Al llegar a tu destino, toca el botón de Pausa (aparece en la esquina inferior derecha).

6. Cuando quieras regresar, selecciona la opción Volver sobre tus pasos y... ¡magia! Aparecerá una línea blanca que te guiará por el mismo camino hasta llegar al inicio de tu ruta.

¡Así que, adelante, aventurero: sal a descubrir el mundo y deja que tu reloj te lleve de la mano!

3. ¡Lleva tus fotos y vídeos al siguiente nivel!

¿Usas la cámara frontal para hacerte vídeos y fotos porque con las traseras no sabes si estás encuadrando correctamente o saliendo favorecido?

¡Sigue leyendo porque esto es para ti!

1. Conecta por Bluetooth el iPhone y el Apple Watch.

2. Abre la app de Cámara desde el Apple Watch (y automáticamente la cámara del iPhone también se activará).

3. Elige en el iPhone la opción que prefieras: Foto o Vídeo.

4. Coloca la esfera del reloj en la parte trasera del iPhone, justo encima de la manzana mordida (no la muerdas, por favor) y asegúrate de que la correa quede bien apretada.

5. ¡Y listo! Ya puedes grabarte o hacerte fotos con las cámaras traseras (las de mayor resolución) mientras ves cómo están quedando a través de la pantalla del Apple Watch.

¡No esperes más y prueba este truco!

4. La hora nunca sonó tan bien

¿Te imaginas que tu reloj pudiera hablarte en vez de hacerte buscar la hora en la pantalla? ¡La buena noticia es que tu deseo está a punto de hacerse realidad! Con este tutorial descubrirás una manera divertida y única de saber la hora con tu Apple Watch, ¡y te aseguro que no volverás a mirar la hora de la misma forma!

1. Entra en los Ajustes del Apple Watch.

2. Entra en Reloj.

3. Dentro de Reloj, busca la opción Oír la hora y actívala.

4. Vuelve a la pantalla principal del reloj.

5. Coloca dos dedos sobre la pantalla y mantenlos presionados.

6. ¡Y listo! Tu Apple Watch te revelará la hora exacta en voz alta.

UN CONSEJO TE DEJO

Si eliges la esfera de Mickey Mouse, ¡prepárate para escuchar su voz oficial!

¿Quién necesita mirar la pantalla del reloj cuando tienes al ratón más famoso del mundo dándote la hora?

5. Tres funciones del Apple Watch que darán una vuelta a tu rutina

Si crees que ya conoces todos los trucos de tu reloj, piénsalo de nuevo. Aquí tienes tres gestos que te dejarán alucinando:

1. Primer gesto: apoya la palma de tu mano sobre el reloj y la pantalla se apagará. Además, si te

llaman por teléfono y no puedes atenderla o quieres que deje de sonar en tu Apple Watch, puedes silenciarla haciendo ese mismo gesto.

2. Segundo gesto: pulsa dos veces la ruedecilla para navegar entre todas las apps que has usado.

3. Tercer gesto (o los que quieras, ahora lo entenderás): ve a Ajustes y pulsa en Accesibilidad.

   - Busca AssistiveTouch, pulsa sobre ella y activa la pestañita.

   - Entra en Gestos con las manos y activa también esta opción para poder personalizar gestos. Por último, desliza hacia abajo para poder vincular las acciones que quieras con tus movimientos y... ¡manejar tu reloj sin tocarlo!

¡Y ahí los llevas! Ya tienes en tus muñecas los tres gestos que más uso en mi día a día.

6. Dividiendo cuentas y ganando amigos

Dividir la cuenta no debería ser más complicado que elegir el postre. Así que ¡saca tu Apple Watch y prepárate para impresionar a tus amigos haciendo que dividir la cuenta sea pan comido!

¿Cómo funciona?

1. Ve a los Ajustes y selecciona la opción Calculadora.
2. Una vez dentro de ella, activa la Función de propina.
3. Luego, abre la app Calculadora e introduce el total de la cuenta.
4. Pulsa el icono €% y ¡aquí empieza la magia!
5. En la pestaña Porcentaje, ajusta la propina que deseas dar girando la ruedecilla del Apple Watch.
6. En la opción Personas indica cuántos amigos van a pagar (de la misma forma que antes, es decir, girando la rueda del reloj).
7. Y, ¡listo!, en la parte inferior de la pantalla verás el total de la cuenta que le tocará pagar a cada persona.

¡Haz que la cuenta sea un juego, no un lío!

7. ¡Dale la vuelta a tu Apple Watch!

¿Te ha pasado que, mientras te esfuerzas al máximo en el gimnasio, terminas activando sin querer la corona digital (la ruedecilla) de tu Apple Watch? ¿Quizá has pensado en cambiarlo de muñeca para evitar esos toques accidentales?

¡No te preocupes, hay (otra) solución!

1. Entra en los Ajustes.
2. Pulsa en General.
3. Una vez dentro selecciona Orientación.
4. En Digital Crown, elige Izquierda o Derecha (en función de si eres diestro o zurdo).
5. ¡Y listo! Podrás girar la pantalla y la corona digital estará en el otro lado. Sí, podrás usar tu reloj sin problemas de toques o giros involuntarios.

Ahora que tu reloj está orientado a tus necesidades, ¡prepárate para entrenar sin interrupciones!

8. Entrena al ritmo de tu vida

¿Has empezado tu entreno a tope, pero de repente te encuentras a alguien y terminas charlando con esa persona mientras tu Apple Watch sigue creyendo que estás quemando calorías como un loco? ¡No pasa nada! Aquí tienes dos formas rápidas para pausar tu entrenamiento y dejar de engañar a tu reloj (y a ti mismo).

Ponle el freno al tiempo cuando así lo necesites:

1. Si te paras, tu reloj también lo hará:

¡Abracadabra, entreno en pausa! La función de Pausa automática detectará que ya no estás moviéndote y pondrá tu entrenamiento en pausa sin que tengas que darle al botoncito. ¡Tachán!

¿Cómo activarla?

1. En la app Configuración, busca Entrenamiento > Pausa automática y actívala.
2. Hecho esto, desliza hacia abajo y verás los tipos de entreno en los que puedes usar la pausa automática, que son: correr y bici (dos de los ejercicios que más rendimiento suponen).

2. Pulsa y pausa:

Solución en 3, 2, 1...

1. Pulsa la corona digital y el botón lateral al mismo tiempo y tu entrenamiento se pausará automáticamente.
2. Para reanudarlo, simplemente vuelve a pulsarlos a la vez... ¡y listo!

¡Y ahí lo tienes! Dos maneras sencillas de hacer una pausa en tu entrenamiento y volver a la acción cuando lo necesites. ¡Entrenar nunca había sido tan fácil!

9. Tu Apple Watch te dice la hora... ¡sin que nadie se entere!

¿Te has encontrado alguna vez en una reunión interminaaaable deseando saber cuánto falta sin que nadie lo note? Sé lo incómodo que puede ser echar un vistazo al reloj, pero... ¡no hay problema, tu Apple Watch puede ser tu cómplice secreto!

Te dirá la hora sin que nadie lo note siguiendo estos pasos:

1. Pon el Apple Watch en modo silencio.
2. Entra en Ajustes y pulsa en Reloj.
3. Una vez ahí, busca la opción Toques para dar la hora y activa la función.
4. Elige tu método de vibración favorito: en forma de dígitos, conciso o en código morse.
5. Ahora solo tienes que presionar la esfera del reloj con dos dedos y... ¡listo!

¡Misión cumplida! La hora vibrará en tu muñeca con total discreción. ¡Y sin levantar sospechas!

10. De Apple Watch a Walkie-Talkie

Sí, estás leyendo bien. Puedes hablar con cualquier persona (por lejos que esté) de Apple Watch a Apple Watch.

¿Cómo funciona?

1. Abre la app Walkie-Talkie.
2. Busca a tu compinche en la lista de contactos.
3. Dale al icono + que aparece en la zona inferior de la pantalla y... ¡envíale una invitación!

¡Y ahora lo mejor! ¿Cómo enviar mensajes de voz?

1. Una vez aceptada la invitación, pulsa sobre el nombre de tu amigo.
2. ¡Mantén presionado el botón para hablar! Y suéltalo cuando hayas terminado tu mensaje.
3. ¡Espera a que tu amigo responda! Y prepárate para escuchar su voz en tu Apple Watch.

Así que prepárate, porque con tu Apple Watch como walkie-talkie, ¡hablarás hasta por los codos, y nunca mejor dicho!

MANDADIVINANZA

De ti siempre estoy pendiente,
cuando sueno, corro al frente,
esperando tu respuesta urgente.
¿Qué soy?

OPCIONES:

a) Teléfono - 00011

b) Pendientes - 00100

c) Cinta de correr - 00101

Escribe aquí el código binario de la opción que hayas elegido:

ADORARÁS ESTOS HACKS PARA TUS APPS

No dejarás de utilizar estos trucos para tener un futuro brillante, ¡no habrá quien te aguante!

La noche de fin de año de 2017 fue especial y diferente para nuestra familia. Ese año mi padre no podía cenar con nosotros porque tenía que trabajar. Decidimos no dejar que la distancia nos impidiera estar todos juntos, así que improvisamos una videollamada. Nos sentamos todos alrededor de la mesa y colocamos en su sitio el portátil. Al principio fue extraño ver la pantalla en lugar de su rostro, pero pronto nos acostumbramos. Compartimos nuestras historias del año, nuestras risas y hasta nuestros brindis, haciendo que se sintiera incluido en cada momento a pesar de estar en su lugar de trabajo. Fue una experiencia diferente, pero al menos cenamos juntos a pesar de la distancia y nos dimos cuenta de lo afortunados que éramos gracias a la tecnología.

1. ¡Viaja por el mundo a través del arte!

Imagina tener un pasaporte que te lleve a los mejores museos del planeta. Google Arts & Culture te ofrece exactamente eso, ¡y desde tu móvil!

¡Te explico todo lo que puedes hacer con ella!

- La app te ofrece acceso a millones de obras de arte, desde pinturas clásicas hasta arte contemporáneo, fotografías y esculturas. Todas ellas acompañadas de información detallada sobre el artista, la época y el contexto histórico.
- Puedes hacer todos los recorridos virtuales que se te antojen por galerías y museos, y acercarte a las obras como si estuvieras allí.
- Hay herramientas muy divertidas como: Art Selfie, que muestra retratos que se parecen a ti; Art Selfie 2, que remezcla tu selfi con arte, e IA o

Art Projector para visualizar obras en tamaño real en tu entorno (alucinante), ¡entre otros!

- Puedes crear colecciones personalizadas con tus obras favoritas y seguir a tus artistas preferidos.

Aprende, inspírate y disfruta del arte de una manera divertida y accesible. ¡No dejes que la distancia te detenga! Con esta app, el mundo del arte está a solo un toque.

2. ¡Cambiar de móvil nunca fue tan sencillo!

Puede ser abrumador pasar tooooodos tus datos de un iPhone a un Android (o viceversa), pero ¡tranquilo! Ponte cómodo y prepárate para conocer dos apps que te van a venir de rechupete.

¡Con esta aplicación, podrás transferir tus datos **de iPhone a Android** sin complicaciones!

¿Cómo, cómo?

1. En tu iPhone descarga la aplicación Cambiar a Android en la App Store y ábrela.
2. Sigue las instrucciones en pantalla para conec-

tar tu iPhone a tu nuevo dispositivo Android. Puedes hacerlo a través del wifi.

3. Elige qué datos quieres transferir: contactos, fotos, vídeos, calendario.

4. Espera a que se complete la transferencia. El proceso puede tardar unos minutos dependiendo de la cantidad de datos que estés transfiriendo.

5. ¡Listo! Una vez finalizada la transferencia, podrás disfrutar de tus datos en tu nuevo móvil Android.

También puedes cambiar de **Android** a **iPhone** en un abrir y cerrar de ojos
¿Cómo funciona?

1. Descarga la app Mover a iOS desde la Play Store en tu dispositivo Android.

2. Luego enciende tu nuevo iPhone y sigue las instrucciones de configuración hasta llegar a la opción Apps y datos; selecciónala.

3. Una vez dentro, presiona en la opción Trasladar datos desde Android. Tu iPhone mostrará un código numérico (que deberás introducir en tu Android).

4. Una vez conectados, podrás seleccionar los datos que deseas transferir (como contactos, mensajes, fotos, vídeos, marcadores, calendarios y más).

5. ¡A esperar! La app se encargará de transferir toda la información de forma inalámbrica. (El tiempo que tarde dependerá de la cantidad de datos que estés transfiriendo).

¡En un periquete, un nuevo truquete!

3. Ponle orden a tu vida con Microsoft To Do

¿Sientes que tienes mil cosas en la cabeza? Microsoft To Do es tu solución. Esta app fácil de usar te ayudará a organizarte y ser más productivo que nunca.
Es supercompleta:

- Crea listas: apunta todo lo que tienes que hacer.
- Añade tareas: ¡cualquier cosa! Desde pasear al perro hasta estudiar para el próximo examen
- Organízate: pon fechas de vencimiento, marca las tareas importantes o crea incluso subtareas para las más complicadas.

- Relájate: Microsoft To Do te recordará todo lo que tienes que hacer.

¿Por qué te va a encantar?

- Es superintuitiva.
- Te hace más productivo: al tenerlo todo organizado, ¡serás capaz de hacer más cosas en menos tiempo!

Despídete del caos y dale la bienvenida a la organización con Microsoft To Do. ¡Tu yo del futuro te lo agradecerá!

4. Convierte tus ideas en arte

¿Listo para dejar volar tu imaginación? Shuffles te permite diseñar collages, *moodboards* y mucho más. Su funcionamiento es muy sencillo:

1. Inicia sesión con tu cuenta de Pinterest.
2. Busca imágenes que te inspiren o utiliza tus propias fotos.
3. Recorta, superpone, añade efectos y animaciones para darle vida a tus diseños.

4. Muestra tus creaciones al mundo, colabora con otros usuarios o descarga tus propios diseños.

¿Qué puedes hacer con Shuffles?

- Crear collages personalizados.
- Añadir movimiento a tus creaciones con animaciones y efectos visuales.
- Diseñar historias, tarjetas y fondos de pantalla.

¡Libera al artista que llevas dentro y comienza a crear diseños impresionantes!

5. La doble capa de seguridad que necesitas

Google Authenticator es una aplicación que genera constantemente códigos de verificación únicos y cambiantes para reforzar la protección de tus cuentas. Es como añadir una capa extra de seguridad a tus contraseñas.

¿Cómo configurarlo?

1. Descarga Google Authenticator en la tienda de apps de tu móvil.

2. Abre la app y añade una nueva cuenta. Puedes hacerlo de estas dos formas:

◇ Con código QR:
- Pulsa el botón (+) para agregar una nueva cuenta.
- Escanea el código QR que te proporciona la plataforma donde quieres activar la verificación en dos pasos (por ejemplo, Gmail, Instagram, etc.).

◇ Con código:
- Pulsa el botón (+).
- Introduce la clave de configuración que te proporcione la plataforma que quieras proteger. También añade el nombre de la app que estés protegiendo.

3. Una vez configurada la cuenta, Google Authenticator te mostrará un código numérico (que irá renovándose cada treinta segundos).

4. Por último, en la aplicación en la que estés activando la verificación en dos pasos, introduce este código de seis dígitos de Google Authenticator. ¡Y listo!

Hacer uso de esta app es superimportante porque:

- Reduce significativamente el riesgo de que personas no autorizadas puedan entrar en tus
  cuentas.
- Protección de datos sensibles: tus datos perso-
  nales, financieros y demás información confi-
  dencial estarán muchísimo más seguros.

UN CONSEJO TE DEJO

Para vincular tus apps con Google Authenticator, la plataforma a proteger debe estar
integrada con este sistema de verificación en
dos pasos.

¡En un mundo cada vez más digital, la seguridad
de tus cuentas es fundamental!

6. Con Canva, tú marcas el ritmo

¿Crees que controlar una presentación a distancia
desde el móvil es complicado? ¡Nada más lejos de la

realidad! Con Canva, está *chupao*. ¡En este tutorial te explico lo sencillo que es y cómo puedes dominarlo en cuestión de minutos!

1. Prepara la presentación desde la web de Canva en tu PC.
2. Una vez que hayas terminado de editarla, pulsa en Compartir.
3. Selecciona Presentar.
4. Presiona Modo presentación y luego en Presentar.
5. Cuando se abra la pantalla de presentación, busca la opción de Compartir control remoto.
6. Por último, tienes dos alternativas: copiar el enlace y abrirlo en tu teléfono, o bien escanear el código QR para poder avanzar, retroceder o pausar las diapositivas de tu presentación directamente desde tu móvil.

¡Más fácil, imposible!

7. Tu GPS, tu voz

Si buscas una aplicación que te ayude a llegar a tu destino de forma rápida y segura, Waze es una excelente opción pero... no vengo a hablarte de ella, sino de cómo librarte de la voz aburrida y robótica, grabando... ¡tu propia voz para las indicaciones! Sí, así como lo lees.

¿Cómo conseguir que Waze hable como tú?

1. Abre Waze en tu móvil.
2. Pulsa en las tres líneas de la esquina superior izquierda y luego presiona Ajustes.
3. Busca la opción Voz y sonido y selecciónala.
4. Presiona en Voz de Waze y luego en Añadir una voz.
5. Te aparecerá una lista de frases que deberás grabar con tu propia voz. Sigue las indicaciones de la app y registra cada frase de manera clara.
6. Una vez que hayas grabado todas las frases, podrás personalizar el nombre de tu voz y guardarla.

¡Y listo!

¡La cara de tus amigos o familiares cuando escuchen tu voz dándoles indicaciones será *PRICELESS*!

8. Escanea en un solo toque

 **Adobe Scan** es la app que necesitas para escanear TODO: desde recibos que quieras guardar hasta apuntes que necesites compartir.

¡A empezar!

1. Instala la app Adobe Scan.
2. ¡A escanear!

◇ Apunta la cámara de tu móvil al documento que quieres escanear. La app lo detectará automáticamente y lo recortará.

◇ (Truco del almendruco): si la detección automática no funciona bien, puedes ajustar manualmente los bordes del documento.

3. Para mejorar la calidad de tu escáner puedes aplicar filtros (para mejorar la nitidez y el contraste, para eliminar sombras), además de poder girar la imagen si está torcida.

4. Una vez que estés satisfecho con el escaneo, puedes:

◇ Guardar el archivo PDF en tu dispositivo o en la nube.

◇ Enviarlo por correo electrónico, mensaje o compartirlo en tus redes sociales.

◇ Buscar palabras dentro de tus documentos escaneados con la función de reconocimiento de texto (OCR).

CONSEJOS TE DEJO

- Intenta escanear en un lugar bien iluminado para obtener mejores resultados.
- Mantén el móvil lo más estable posible mientras escaneas.
- Puedes escanear varias páginas y crear un único archivo PDF.
- Es posible crear carpetas para organizar tus escaneos.

¡Escanea hasta tus sueños! (Bueno, eso quizá no...).

9. Sigue el ritmo de tu vida con Google Fit

Google Fit es una app que te ayuda a llevar un seguimiento de tu actividad física y a alcanzar todas tus metas.

¡Tienes el plan de entrenamiento a medida en la palma de tu mano!

– Utiliza los sensores de tu móvil o smartwatch (como acelerómetro, GPS y sensor de frecuencia cardiaca) para registrar tus movimientos, la dis-

tancia recorrida, las calorías quemadas y el ritmo cardiaco.

- Detecta automáticamente actividades como caminar, correr o ir en bicicleta y las registra en tu diario.

- Puedes agregar manualmente otras actividades como yoga, pesas o natación.

- Establece objetivos de actividad diarios o semanales y Google Fit te ayudará a alcanzarlos.

- Puedes integrarla con otros dispositivos para tener una visión más completa de tu salud.

UN CONSEJO TE DEJO

Google Fit te permite compartir tus logros a amigos y familiares, y competir en desafíos como si estuvieras en los Juegos Olímpicos... ¡pero sin salir de casa!

¡Mejora tu calidad de vida en 3, 2, 1... ya!

10. Cómo proteger a tus hijos en internet

Google Family Link es la app perfecta para supervisar el uso del móvil de tus hijos. Te permite estar al tanto de cómo lo utilizan, ofreciéndoles libertad mientras disfrutas de la tranquilidad sabiendo que están protegidos. ¿Quieres conocer cómo funciona? ¡Te lo cuento!

1. Instala la app Google Family Link en tu móvil y en el de tu hijo.
2. Abre Family Link en tu dispositivo y sigue las instrucciones para vincular la cuenta de tu hijo a la tuya.
3. Una vez vinculadas las cuentas, podrás personalizar los controles parentales según tus preferencias:
   - Límites de tiempo: establece cuánto tiempo puede usar el dispositivo tu hijo cada día.
   - Bloqueo de aplicaciones: elige qué aplicaciones puede usar y cuáles no.
   - Filtrado web: bloquea sitios web inapropiados para la edad de tu hijo.
   - Ubicación: activa la ubicación para saber dónde está tu hijo.
   - Aprobación de aplicaciones: revisa y aprueba las aplicaciones que tu hijo quiera descargar.

4. Supervisa su actividad: a través de Google Family Link podrás ver un historial de la actividad de tu pequeño, así como las aplicaciones que ha usado, los sitios web que ha visitado y el tiempo que ha pasado en línea.

En resumen, Google Family Link te ayuda a establecer límites, filtrar contenido y localizar a tus hijos, fomentando un uso responsable de la tecnología.

MANDADIVINANZA

En una pulsera me escondo,
de datos me lleno.
Aunque no soy tradicional,
al compás del tiempo te llevo.
¿Qué soy?

OPCIONES:

a) Un elástico - 00110

b) Un compás - 00111

c) Un smartwatch - 01000

Escribe aquí el código binario de la opción que hayas elegido:

4

HONRARÁS ESTOS ÚTILES TIPS DE FOTOGRAFÍA

Disfrutarás tanto del proceso de aprendizaje, que te harán un homenaje

Siempre me ha gustado hacerme fotos y capturar los momentos especiales para poder recordarlos. La primera vez que Justin Bieber vino a Madrid en el año 2010 para una firma de discos, convencí a mis padres para que fuéramos a verle desde Málaga. Hacía mucho frío y pasamos la noche en vela con temperaturas bajo cero para ser de los primeros en la cola y asegurarnos poder verle. La ilusión de ver a mi ídolo de cerca nos mantuvo animados a mi hermana, mi padre, mi madre y a mí. Cuando llegó la hora de la firma, la organización anunció que no se permitirían fotos. Fue una gran desilusión, pero mi padre, decidido a capturar el momento, logró sacar algunas fotos de espaldas saltándose las normas. Al día siguiente, compré una revista con la esperanza de que hubiera una foto mía mientras J.B. me firmaba el disco. No hubo suerte, pero nos reímos mucho porque quien aparecía en la foto era mi padre en la cola, esperando a que me firmara Justin. Aunque no obtuve la foto perfecta, lo que realmente importa es el recuerdo de esa aventura y el apoyo incondicional de mi familia.

1. ¡Luces, cámara, acción (pero sin reflejos)!

¿Alguna vez has intentado tomar una foto a través de un cristal y solo capturas reflejos en lugar del paisaje? No te preocupes, ¡a todos nos ha pasado! Pero tengo el truco perfecto para ti, es superfácil y te va a encantar. ¡Vamos a solucionarlo!

Necesitas:
- Tela oscura (un abrigo, una bufanda, un paño negro, etc.).

Procedimiento:

1. Coloca el móvil en la posición desde donde quieres tomar la foto. Recuerda que estamos asumiendo que hay un cristal delante de la lente.

2. Envuelve una tela oscura alrededor de la cámara, asegurándote de que quede bien ajustada y no permita que entre luz por los lados.

3. Prueba diferentes posiciones y cantidades de tela para encontrar la que vaya mejor en cada situación.

¿Por qué funciona?:

La tela oscura actúa como un absorbente de la luz, e impide que los rayos luminosos se reflejen en el cristal y lleguen al sensor de la cámara.

¿Quién necesita un filtro de Instagram cuando tienes un abrigo?

2. ¡Fondos gigantes en un toque!

¿Sueñas con hacer fotos de cine? ¡Pues con este truco podrás ampliar tus fondos y crear efectos de profundidad increíbles!

- Activar el objetivo 3x (o un zoom equivalente) en tu móvil.

Muchos modelos de móviles incorporan el zoom óptico de 3x, que permite acercar los objetos lejanos y aislarlos del fondo sin perder calidad en la imagen (como si estuvieras utilizando un teleobjetivo en una cámara profesional).

Pasos a seguir:

1. Abre la cámara del móvil y selecciona el objetivo de 3x.

2. Coloca al sujeto principal de tu foto a una distancia moderada.

3. Una vez encuadrado el sujeto, retrocede unos pasos hacia atrás. Este movimiento hará que el fondo se acerque visualmente al sujeto y ampliará su tamaño aparente en la imagen.

4. ¡Y listo! Presiona el botón del obturador para capturar la imagen.

¿Por qué se consigue este efecto óptico?:

Al utilizar el teleobjetivo 3x y alejarte de aquello que quieras fotografiar, estás creando un efecto de compresión de la perspectiva. Esto hace que los objetos cercanos y lejanos parezcan más próximos entre sí, lo que produce un fondo más grande.

¡Anímate a probarlo! ¡Tus fotos nunca volverán a ser las mismas!

3. Convierte el agua en seda

Imagina captar el movimiento del agua de una manera tan suave que parezca seda. ¡Sigue leyendo para descubrir cómo!

1. Abre la cámara del iPhone y activa el modo Live (suele ser un pequeño icono con círculos concéntricos que se encuentra en la esquina superior derecha de la pantalla).
2. Busca una escena donde el agua sea la protagonista. Puede ser el mar, un río, una cascada o cualquier otra fuente de agua en movimiento.
3. Una vez tomada la foto, ábrela desde la galería de fotos.
4. Pulsa en el icono Live (en la esquina superior izquierda) y selecciona Larga exposición.
5. *Et voilà!* La foto se procesará automáticamente

y podrás ver el resultado final. El agua lucirá suave y sedosa, con un efecto casi pictórico.

¿Por qué se consigue este efecto?:
El modo Live captura una secuencia de imágenes en un breve periodo de tiempo. Al seleccionar Larga exposición, el iPhone combina estas imágenes para crear una sola foto en la que el movimiento del agua se suaviza y se extiende a lo largo del tiempo.

CONSEJOS TE DEJO

- ¡Juega con la luz! La hora del día y la cantidad de luz influirán en el resultado final. Prueba a tomar fotos al amanecer o al atardecer para conseguir colores más cálidos y dramáticos.
- Para conseguir mejores resultados, intenta mantener tu iPhone lo más quieto posible al tomar la foto. Puedes apoyarlo en una superficie firme o utilizar un trípode para una mayor estabilidad.
- ¡Sé paciente! A veces, el efecto seda perfecto requiere varios intentos. ¡No te desanimes y sigue probando!

¿Y en otros móviles?:
Aunque este tutorial está diseñado para iPhone, puedes aplicar técnicas similares en cualquier móvil que tenga las funciones de modo Live y Larga exposición.

¡Ahora sí que estás listo para convertir cualquier charco en una obra de arte!

4. Crea tu foto de carnet perfecta desde casa

¡Olvídate de las colas y las prisas! Con esta guía paso a paso tendrás tu foto de carnet lista en un abrir y cerrar de ojos.

1. Sácate una foto. Asegúrate de que la iluminación sea buena y que tu rostro esté centrado y bien enfocado.

2. Crea un estudio fotográfico en Instagram (sí, has leído bien). Inicia sesión en tu cuenta de Instagram. Crea una historia y toma una foto de cualquier cosa (no importa lo que sea). A continuación, toca los tres puntos en la esquina superior derecha y selecciona Dibujar. Elige el co-

lor blanco y deja el dedo presionado sobre la pantalla unos segundos hasta que se pinte automáticamente toda la pantalla de color blanco.

3. Prepara tu foto de carnet:

   – Si tienes iPhone: abre la galería de tu móvil y busca la selfi que acabas de sacar. Mantén pulsada la foto y se recortará automáticamente. Dale a Copiar y pega tu figura en la historia de Instagram. Ajusta el recorte para que quede en formato cuadrado.

   – En cambio, si no tienes esta función habilitada en tu móvil, puedes subir tu foto a la web de Adobe Express y utilizar la herramienta de Eliminación de fondo y descargar la imagen resultante. Hecho esto, añade a la historia de Instagram tu foto recortada; de esta forma quedará sobre el fondo blanco que creaste anteriormente.

4. Agranda o reduce tu foto para que ocupe todo el espacio y guárdala.

5. ¡Toques finales! Busca la foto guardada en tu galería. Dale a Editar y recórtala nuevamente en formato cuadrado para asegurarte de que cumpla con los requisitos de tamaño.

¡Objetivo conseguido! Foto de carnet perfecta, hecha en casa y con el pijama puesto aún (ahora, solo falta imprimirla).

5. Tres consejos que te salvarán de la foto-catástrofe

¿Alguna vez has sacado una foto y te has preguntado por qué no queda tan bien como la de tu influencer favorito? Aquí te dejo unos truquitos que me salvaron la vida (fotográfica).

1. Horizontes perfectos:

A veces revisas tus fotos y, ¡sorpresa!, el horizonte aparece inclinado. No te preocupes, nos pasa a todos. Hasta la más mínima inclinación puede hacer que una foto pierda su encanto. ¡Pero esto tiene solución!

¿Cómo evitarlo?

- Activa la cuadrícula: la mayoría de las cámaras tienen una opción para superponer una cuadrícula en la pantalla. Úsala como guía para alinear el horizonte.
- Utiliza un trípode, que te ayudará a mantener la cámara estable y a componer tus fotos con mayor precisión.
- Si ya has tomado la foto y el horizonte está torcido, puedes corregirlo girando la imagen con apps de edición.

2. La regla de los tercios:

Imagina que divides tu imagen en nueve partes usando dos líneas horizontales y dos verticales. Los puntos donde se cruzan son los puntos de interés. Si colocas tu sujeto principal en uno de ellos, ¡crearás composiciones mucho más armoniosas y dinámicas!

3. Cómo encuadrar como un pro:

¿Has cortado a tu modelo? ¡Tiene arreglo! Solo necesitas tomarte unos segundos para revisar los cuatro lados del encuadre antes de disparar. Y aquí va el truco que hará que te acuerdes siempre:

- Evita cortar justo en las articulaciones (nada de rodillas, codos, muñecas o tobillos).
- Mejor opta por cortar entre las articulaciones, donde todo queda más natural y menos forzado.

Y, como siempre, ¡la práctica es la clave! Así que no temas jugar con los encuadres; prueba, falla y diviértete, que de tanto practicar se hacen los verdaderos artistas (¡o los almendrucos, como dicen algunos!).

6. Fotos a medida para cualquier plataforma

¿Tu foto está pidiendo a gritos que la compartas en redes, pero no tiene el tamaño ideal, ya que es demasiado vertical u horizontal y no aparecería completa en el feed? No te preocupes.

1. Entra en la app Snapseed.

2. Abre la foto en cuestión.

3. Dirígete a Herramientas y elige la opción Expandir. Ahí podrás estirar y ajustar los bordes de tu imagen hasta conseguir el tamaño que quieras y que así quede perfecta.

UN CONSEJO TE DEJO

Para conseguir mejores resultados, es conveniente utilizar esta herramienta en imágenes con fondos uniformes como el cielo, el mar o el césped.

¡A problemas, *Mandaciertos*!

7. ¡Captura el momento, no a la gente!

¿Te ha sucedido que, cuando estás a punto de capturar esa foto perfecta, aparece alguien inesperadamente en medio? ¡Es un clásico! Pero aquí viene un truco genial para iPhone que te ayudará a solucionarlo:

1. Asegúrate de que el modo Live esté encendido antes de tomar la foto.

2. Quédate quieto (casi) como una estatua. Cuanto más inmóvil estés, mejor será el resultado.

3. ¡Toma la foto! Aunque parezca que está arruinada porque muchas personas o coches han pasado por delante o detrás de ti, ¡no te preocupes!

4. En la galería, selecciona la foto y elige Larga exposición. ¡Los intrusos desaparecerán como por arte de magia!

UN CONSEJO TE DEJO

¡No hay problema si no cuentas con un iPhone! Si tu móvil incluye funciones como modo Live o Larga Exposición, puedes seguir este mismo tutorial y lograr resultados similares.

¡Lograrás imágenes asombrosas, incluso en las situaciones más ajetreadas! ¡De nada!

8. Dos tips para ser el turista más creativo

¡Así puedes darle un toque único a tus fotos en lugares concurridos!

1. ¡Prueba el encuadre natural!
   Elementos como arcos, ventanas o ramas de árboles actúan como marcos naturales, dirigen la mirada del espectador hacia tu sujeto principal y añaden profundidad a tu foto.
2. Eleva tus fotos con el poder de los reflejos: Invierte la posición de tu móvil para capturar mayores ángulos y experimenta con diferentes superficies reflectantes como la pantalla apagada de otro dispositivo o un charco de agua.

¡Haz que tus fotos sean tan inolvidables como el viaje!

9. ¡Tu foto, perfecta a la primera!

¡Esta es la fórmula secreta para componer como profesionales en un abrir y cerrar de ojos!

1. Abre la cámara.
2. Una vez dentro, pulsa en la ruedecilla para acceder a Ajustes.
3. Luego activa la opción Sugerencias de composición.

4. De esta forma, cada vez que vayas a tomar una foto, aparecerán unas guías en la pantalla. En el centro verás un círculo blanco y otro transparente. El objetivo es alinear ambas esferas. Cuando se unan y se vuelvan de color amarillo, ¡estás en el camino correcto! Eso significa que has encontrado la mejor composición para tu foto en ese momento.

5. Si giras tu móvil, aparecerán líneas horizontales en la pantalla. Si estas líneas también aparecen amarillas, significa que has alineado correctamente el horizonte. Esto te ayudará a conseguir un resultado más estable y equilibrado en tu imagen.

UN CONSEJO TE DEJO

Este es el procedimiento para algunos modelos de Samsung, pero si usas otro móvil, siempre puedes aplicar la técnica infalible para conseguir fo-tones: ¡la ley de los tercios!

¡Y colorín colorado, espero que este truco del almendruco te haya encantado!

10. ¡Diseña el calendario más chulo del universo (o de tu casa)!

¿Quién dijo que los calendarios tienen que ser aburridos? Diseña uno con tus imágenes favoritas y dale un toque especial a cada mes. ¡Vamos a empezar!

1. Entra en la aplicación de calendario del móvil y realiza una captura de pantalla de cada mes.

2. Recorta cada captura para eliminar cualquier elemento que no sea el mes en cuestión.

3. Abre Instagram y crea una nueva historia.

4. Pulsa en los tres puntitos y selecciona la herramienta Dibujar. Pulsa en el color blanco y mantén el dedo presionando la pantalla unos segundos hasta conseguir que se tiña de blanco por completo.

5. Agrega a la historia de Instagram la imagen que quieras asociar con el mes que estés preparando.

6. Ajusta la imagen a la forma y tamaño que prefieras. Pulsa varias veces sobre ella hasta que quede con forma circular y colócala en la parte superior de la pantalla.

7. Añade la captura de pantalla del mes co-

rrespondiente. Redimensiónala y ubícala en la parte inferior.

8. Guarda la historia como una imagen en tu galería.

9. ¡Y... a seguir estos pasos en cada mes del año!

¡Y ahí lo tienes! Un calendario tan especial como tú.

MANDADIVINANZA

En mi interior guardo muchos archivos,
si me buscas bien, te doy lo que pides.
Cálculos complejos puedo resolver,
datos y números en mí debes meter.
Aunque era enorme cuando nací,
también puedo ser pequeño para ir junto a ti.
¿Qué soy?

OPCIONES:

a) Calculadora – 01001

b) Archivador – 01010

c) Ordenador – 01011

Escribe aquí el código binario de la opción que hayas elegido:

5

NO OLVIDARÁS LOS TRUCOS DE LA IA

La emplearás para mejorar tu día a día

El 28 de diciembre, día de los Inocentes, decidí hacerle una broma a mi pareja, Jose, usando... ¡una IA que imitaba mi voz! Le llamé y estuvimos hablando tranquilamente. Todo iba perfecto hasta que la IA, de repente, empezó a repetir frases y soltó una risa de robot que ni en las películas de ciencia ficción. En ese momento se dio cuenta de que pasaba algo raro. Rápidamente lo llamé para confesarle la broma. Al principio estaba confundido, pero en segundos estallamos en carcajadas de lo realista que había sido la imitación. ¡Definitivamente, una inocentada que nunca olvidaremos!

¡Y antes de que te lances de lleno... atención, creador

(o futuro creador) de contenido! Los primeros cinco *Mandaciertos* están diseñados especialmente para enseñarte a dominar la IA y arraaaases en redes como nunca antes. Los últimos cinco, en cambio, están creados para hacerte la vida más sencilla. Porque no todo gira en torno a likes y seguidores, ¡también se trata de ganar tiempo mientras solucionas lo cotidiano casi sin darte cuenta!

1. Cómo obtener los mejores resultados con IA

Antes que nada, es importante entender qué es un *prompt*. Básicamente, es una instrucción o pregunta muy precisa que le das a la inteligencia artificial para que haga algo o te dé una respuesta específica. Piensa en ello como una orden que le indica exactamente qué necesitas.

¡Y ahora sí! ¡Si quieres que la IA te entienda a la primera y te dé respuestas de lujo, háblale más claro que el agua!

Te presento diez técnicas que deberías poner siempre en práctica para obtener respuestas excepcionales:

1. Ve directo al grano. Las órdenes sencillas y directas son la clave para obtener los mejores resultados.

2. Define a quién va dirigido (edad, conocimientos, intereses) y la IA se ajustará a tus necesidades.

3. Evita las instrucciones negativas. Las IA tienen dificultades para procesarlas. Es más efectivo decirle qué quieres que haga en lugar de qué quieres que evite.

4. Asígnale un rol específico para guiar mejor sus respuestas. Al darle un papel claro, actuar como un experto en marketing o responder como si fueras un profesor, podrás afinar sus respuestas y obtener la información que buscas de manera precisa y acorde con el contexto.

5. Define en qué fuentes basar sus respuestas. Por ejemplo, puedes pedirle que solo use datos hasta un año determinado.

6. Marca límites. La IA es flexible, tú decides cómo quieres que responda. Puedes pedirle respuestas concisas, en tablas, el número de palabras, el formato o incluso el vocabulario.

7. Sé imparcial con la orden. No basarte en este-

reotipos es muy útil para que la IA analice distintas fuentes de información y presente una perspectiva neutral.

8. Si quieres respuestas mejor estructuradas, pídele a la IA que piense paso a paso. Esto la llevará a desglosar su razonamiento y a presentar ideas de manera clara.

9. Dale ejemplos: así entenderá mejor lo que buscas y podrá concretar la búsqueda de información.

10. Pídele que responda como un humano. Los textos de la IA están muy bien redactados, pero suelen ser bastante robóticos. Al utilizar la orden de que responda como un humano conseguirás respuestas más naturales.

Así que si quieres respuestas brillantes, ¡hazle preguntas brillantes!

2. Crea la biografía perfecta para tus redes sociales

¿Tienes ganas de empezar a crear contenido pero no sabes por dónde comenzar? ¡Olvídate del bloqueo creativo! La inteligencia artificial está aquí para hacer el trabajo pesado por ti.

Así de fácil puedes crear o mejorar las biografías de tus redes sociales. Solo sigue estos pasos:

Entra en tu asistente de inteligencia artificial preferido y escribe esto:

Actúa como un experto en redes sociales para mi negocio. Escribe 10 biografías para (la red social) con un máximo de 150 caracteres, incluyendo emojis.

Yo ayudo a (cliente ideal o persona) con (meta específica, problema y resultados) para que puedan lograr (el objetivo final, deseos o resultados).

Enfócate en los beneficios para mi audiencia. Quiero que cada una de las 10 biografías tenga 3 líneas.

Haz que cada línea sea una frase completa enfocada en un beneficio y que comience con un emoji. Utiliza un lenguaje simple y común. (Incluye las siguientes palabras clave en cada biografía).

¡Y listo! En unos segundos tendrás un montón de alternativas.

¡Recuerda adaptar los resultados a tu estilo y a las necesidades específicas de tu contenido para que tu biografía quede aún más chachi piruli!

3. Analiza tus perfiles con ChatGPT

Imagina tener a un experto en marketing digital a tu disposición las 24 horas del día y los 7 días de la semana revisando tu perfil y ofreciéndote consejos personalizados basados en su amplio conocimiento sobre las redes sociales. ¡Ya no tienes que imaginarlo más! ChatGPT puede hacer eso por ti. Te ayudará a descubrir lo que estás haciendo bien en tus redes sociales y te señalará las áreas donde podrías mejorar.

¡Tus redes sociales, a examen! ¡Apunta!

1. Accede a ChatGPT.
2. Escribe un mensaje como este: «Quiero que analices mi perfil de (la red social)».
3. Adjunta una captura de pantalla de tu perfil.
4. ChatGPT te proporcionará un análisis detallado de tu perfil, incluyendo:
   - Impresiones generales: ¿qué transmite tu perfil a primera vista?
   - Fortalezas: ¿qué estás haciendo bien?
   - Áreas de mejora: ¿qué aspectos puedes mejorar para alcanzar tus objetivos?
   - Recomendaciones: sugerencias concretas

para optimizar tu perfil y aumentar tu *engagement*.

¡Y zas, el secreto de un perfil exitoso: ChatGPT!

4. ¡Crea un mes entero de contenido en un pispás!

¿Qué pasaría si te dijera que puedes generar un mes entero de contenido en menos de lo que canta un gallo? ¡Suena increíble, pero es posible!
¿Cómo no? ¡Con la ayuda de la inteligencia artificial!

1. Entra en tu asistente de inteligencia artificial favorito (ChatGPT, Gemini, Copilot, etc).
2. Escribe el siguiente *prompt*:

Necesito crear un calendario de contenido para los próximos 30 días. Publico en (la red social) y mi enfoque es (ayudar a ... a ... a partir de los ... años). Publico (...) veces a la semana y quiero tener contenido variado en el cual algunas publicaciones sean atractivas, entretenidas y educativas, y otras ayuden a promocionar y vender mis productos.

Primero quiero que me hagas preguntas sobre mi negocio y audiencia hasta que creas tener suficiente información. Luego me proporcionarás el calendario de contenido en formato de tabla.

El texto de las publicaciones debe estar en la primera columna; en la segunda columna, una imagen sugerida, y en la tercera columna, un posible *prompt* para un generador de imágenes con IA. Este *prompt* debe incluir una descripción de la imagen que estamos promocionando y tres palabras clave descriptivas.

3. Responde las preguntas. El asistente te hará algunas para personalizar aún más tu contenido. Son cuestiones muy sencillas que te ayudarán a obtener resultados más precisos.

¡Y listo! En cuestión de segundos tendrás un calendario completo con ideas creativas y originales para tooooooodo el mes.

5. ¡No esperes más para obtener tu logo perfecto!

¿Quieres un logo que haga ¡BUM! y deje a todos con la boca abierta? Con la inteligencia artificial de Bing, ¡crear uno es más fácil que nunca!

1. Accede al chat de Bing.
2. Una vez dentro del chat, busca y pulsa el botón que dice Más creativo.
3. En el cuadro de texto escribe un mensaje como este, adaptándolo a tus preferencias:

> Dibuja un logo (circular, cuadrado, triangular o cualquier otra forma que te guste) en 2D. El fondo es (indica la tonalidad) y dentro aparece (lo que necesites que se muestre). Estilo (minimalista, vintage, moderno). Alrededor muestra la palabra (x).

4. ¡Espera los resultados! Bing generará varias opciones de logo basadas en tu descripción.
5. Revisa las imágenes y guarda el diseño que mejor represente tu proyecto.

¡Y listo, ya tienes tu logo personalizado! Puedes descargarlo y utilizarlo en tus redes sociales, en tus tarjetas de presentación o en cualquier otro lugar.

6. Busca lo que quieras, ¡incluso en imágenes!

¿Te gustaría saber cómo se llama la planta de esa foto que sacaste mientras paseabas? ¿O tal vez te has preguntado qué es ese objeto curioso que aparece en una foto que te encanta?

¡Fácil! Gemini está aquí para ayudarte a:

- Identificar objetos y escenas. Simplemente sube una foto y Gemini te dirá qué hay en ella.
- Buscar imágenes por descripción. Explica lo que necesitas encontrar y Gemini te mostrará las imágenes junto con enlaces para descargarlas.
- Obtener más información sobre una imagen. Si buscas información más específica, puedes enviarle la imagen junto con palabras clave (*prompts*) para obtener resultados más precisos y personalizados.

¡Las posibilidades son infinitas! ¡Olvídate de pasar horas buscando en internet!

UN CONSEJO TE DEJO

Imagina que tienes la nevera vacía (bueno, casi) y un montón de ingredientes perdidos por ahí. ¡No hay problema! Puedes usar este Mandacierto para que Gemini te arme las mejores recetas con lo que tengas a mano, ¡hasta con ese pimiento perdido que hay al fondo!

Para ello:

1. Haz una foto clara y bien iluminada de todos los ingredientes que tengas en casa.

2. Entra en Gemini y sube todas las imágenes que acabas de hacer a tus alimentos.

3. En el cuadro de texto escribe algo como:

   Dame (la cantidad que necesites) ideas de platos que pueda cocinar con estos ingredientes.

¡Y listo! Gemini examinará las fotos de tus ingredientes y te sugerirá un montón de recetas geniales.

¡La búsqueda de información nunca ha sido tan fácil!

7. Truco para estudiar con ChatGPT

¡Poner a prueba tus conocimientos con ChatGPT está *chupao*!

1. Abre la app en tu móvil (¡ojo, no en el ordenador!) y envíale tus apuntes como si no hubiera un mañana.
1. Antes de que conteste, pausa la respuesta.
1. Pulsa en el icono de los auriculares para activar el modo Voz y dile esto:

Acabo de subir un documento. Genera preguntas y dímelas una a una con sus respectivas opciones y al final te diré la respuesta. Ve diciéndome si es correcta o incorrecta y pasa luego a la siguiente pregunta.

¡Y listo!

UN CONSEJO TE DEJO

Si algo no te cuadra, simplemente díselo:

¿Por qué esa es la respuesta correcta? No logro comprender la explicación.

Y ChatGPT se encargará de explicar las respuestas hasta iluminar tus dudas con la paciencia de un santo.

¡A estudiar se ha dicho! Con un toque de inteligencia «natural» y un poquito de inteligencia artificial, ¡serás imparable!

8. De cero a *fluent* en un abrir y cerrar de Gemini

¿Quieres practicar idiomas? *No problem!*
Solamente escribe este *prompt* en Gemini:

Prepara un plan de estudio personalizado para aprender (escribe el idioma) en (especifica la cantidad de tiempo), de nivel principiante a conversacional.

Et voilà! Gracias a su base de datos, lograrás crear un superplan de estudio personalizado totalmente adaptado a tu nivel.

¡Adelante, futuro políglota!

9. Crea o actualiza tu currículum con la IA

¡Llegó la hora de darle un retoque a tu CV! Con estos tips tu currículum será tan perfecto que hasta los robots lo envidiarán.

¿Necesitas crear un CV desde cero? Utiliza este *prompt* en ChatGPT:

Escribe un currículum para un (insertar título profesional) basado en esta oferta de trabajo (copia/pega la oferta de trabajo).

¡Y listo! En segundos tendrás un borrador que podrás adaptar a tu gusto.

¡Fórmula secreta para tener un CV siempre actualizado! ¡Este *prompt* te ayudará a mantener el currículum a la última, adaptándolo a tus nuevas habilidades y experiencias!
Para ello:

1. Copia y pega la información de tu currículum en ChatGPT.
2. Por último, manda uno de estos *prompts* (elige el que mejor te venga):

- Aquí está mi currículum. Reescríbelo aplicando el formato actual destacando los logros más relevantes.
- Revisa mi currículum y sugiere mejoras y correcciones.
- Este es mi currículum vitae. ¿Cuáles son las palabras clave más importantes que debería añadir si estoy buscando un puesto de trabajo X?

¡Con un poco de IA y mucha creatividad podrás crear un currículum tan perfecto que hasta tú te sorprenderás!

10. Organiza tus viajes a la velocidad de un clic

Planificar una escapada hoy en día es más fácil que nunca gracias a internet. Sin embargo, la inteligencia artificial puede acelerar aún más este proceso. En cuestión de segundos, ChatGPT puede recopilar información esencial sobre tu destino.

Usa el siguiente *prompt* y verás qué pasada:

Quiero que funciones como una agencia de viajes. Eres un experto en viajes y tienes que organizar un viaje de (x) días con un presupuesto limitado a (destino). Explica qué haremos cada día, y el coste aproximado del viaje en la moneda que sea, excluyendo el precio de los vuelos.

¡Ve preparando las maletas, que la ruta está lista!

MANDADIVINANZA

En un cuadro plano, te ofrezco mil opciones,
historias y noticias con diversas opiniones.
Solo con encenderme, el mundo puedes ver,
¿quién soy que en tu casa te puedo entretener?

OPCIONES:

a) Cuadro - 01100

b) Libro - 01101

c) Televisión - 01110

Escribe aquí el código binario de la opción que hayas elegido:

NO PASARÁS DE ESTOS TIPS PARA IOS

Curiosearás tu dispositivo para sacarle el máximo partido

Un día perdí mi iPhone en casa y pasé horas buscándolo. Finalmente usé la función **Find my iPhone** y comenzó a sonar. Seguí el sonido hasta encontrarlo... ¡en el refrigerador! Resulta que con las prisas, al guardar la compra había puesto el iPhone junto con los yogures. Desde entonces, cada vez que pierdo algo en casa, mi madre me pregunta si he revisado ya la nevera.

1. iPhone y AirPods, tus nuevos audífonos

Convierte tus AirPods en unos audífonos de última generación y ponte al día con todo lo que pasa a tu alrededor.

1. Ve a Ajustes.
2. Entra en la opción Centro de control y pulsa en el botón verde (+) que aparece al lado de Audición para incluir esta función en tu Centro de control.
3. Desliza tu dedo hacia abajo desde la parte superior derecha para visualizar el Centro de control.
4. Enciende el Bluetooth y conecta tus AirPods.
5. Busca el nuevo icono con forma de oreja que verás en el Centro de control y púlsalo.
6. Selecciona Escucha en directo y prepárate para oír todo lo que sucede cerca de tu iPhone a través de tus AirPods, amplificado a tope.

¡Saca partido de tus AirPods como nunca antes!

2. Cuatro atajos muy útiles de Siri

Truco 1: Siri puede llamar a Emergencias por ti:
(Comencemos con lo más importante, aunque espero que nunca lo necesites). Recuerda: el conocimiento es poder. Si te enfrentas a una situación de peligro, actuar rápido es esencial. Un consejo útil: simplemente di «Oye, Siri, Emergencias». Hará una cuenta atrás de solo 3 segundos y te pondrá automáticamente en contacto con los profesionales.

Truco 2: ¿Acumulas alarmas?:
Olvídate de eliminarlas una por una, solo di: «Oye, Siri, borra todas las alarmas». Y ¡listo!

Truco 3: ¡Alerta, batería! ¡Siri al rescate!:
¿Sabías que si desactivas el wifi o el Bluetooth desde el Centro de Control no los apaga del todo? ¡Siguen buscando señal y consumiendo tu preciada batería!

Dile a Siri: «Oye, Siri, apaga el wifi (o el Bluetooth)». Y, ¡solucionado, los desactivará totalmente por ti!

Truco 4: La calculadora más rápida:
Solo tienes que decir: «Oye, Siri, ¿cuánto es (di la cuenta que necesites solucionar)?» y lo resolverá en segundos. Lo mejor de todo, sin necesidad de abrir la app Calculadora.

3. ¡Números al vuelo!

¿Escribir cifras te da pereza?

1. Abre el Teclado desde cualquier app.
2. Mantén pulsada la tecla 123 para cambiar de teclado al de los números.
3. Sin separar tu dedo de la pantalla, arrástralo hacia la parte superior del teclado y retíralo cuando lo coloques justo encima de los números que quieras escribir.

¡Tachán! Así de sencillo podrás anotar cualquier cantidad sin cambiar al teclado de los números, en un santiamén.

¿A qué estás esperando para poner en práctica este truco?

4. ¡Agranda las letras y despídete de la vista cansada!

Te traigo un truco superguay para agrandar las letras y disfrutar de tus apps al MÁXIMO.

1. Entra en Ajustes.
2. Accede a la opción Centro de control.
3. Pulsa en el icono verde (+) de Tamaño del texto para añadir la función al Centro de control.
4. Desliza el dedo hacia abajo desde la parte superior derecha de la pantalla (para visualizar tu Centro de control).
5. Verás un nuevo icono aA. Mantenlo pulsado y ¡magia! Las letras crecerán o disminuirán a tu gusto a medida que deslices tu dedo en el panel.

6. ¿Lo mejor? Puedes especificar con los botones de la zona inferior de la pantalla si quieres que los cambios de tamaño se apliquen
   en cada app por separado, o bien en todas
   tus aplicaciones y funciones del iPhone.

¡Pasarás de no ver tres en un burro a ver mejor que
un lince!

5. ¡Duerme como un bebé con este truco del iPhone!

¿Escuchas pódcast y ves pelis o series en el móvil hasta
quedarte dormido? Spoiler: necesitas este truco.

1. Pon a reproducir lo que quieras (música, pódcast, pelis, series...).
2. Abre la app Reloj de tu iPhone.
3. En la pestaña Temporizadores establece el
   tiempo que quieras que dure la reproducción.
4. Pulsa en Al finalizar.
5. Selecciona la opción Detener reproducción y
   luego dale a Guardar.
6. Inicia el temporizador y ¡a disfrutar!

Al finalizar el tiempo del temporizador, lo que sea que se esté reproduciendo en tu móvil se detendrá automáticamente y la pantalla se bloqueará. Así, podrás dormir sin preocuparte de que la pantalla se quede encendida o que la batería se te descargue.

¡Al fin dormir bien y disfrutar de tus contenidos preferidos es una combinación viable!

6. La app Archivos es más práctica de lo que crees

¡3, 2, 1... Prepárate para descubrir los secretos mejor guardados de la app Archivos!

1. ¡Entra en la app Archivos y prepárate para alucinar!
2. Toca y mantén presionada cualquier foto que tengas almacenada.
3. Pulsa sobre la opción Acciones rápidas.
4. Como verás, podrás pulsar en Convertir imagen para pasarlas a otro formato (JPEG, PNG o HEIF), elegir Marcación para dibujar a mano alzada sobre ellas, girarlas (hacia la izquierda

o la derecha), así como presionar en Crear PDF
e incluso en Eliminar fondo.

Y... todavía hay más:

- Si mantienes presionado un vídeo y seleccio-
  nas Acciones rápidas, podrás: girarlo (hacia
  la izquierda o la derecha) o bien pulsar en
  Acortar para quedarte con los fragmentos
  que quieras.
- En el caso de seleccionar un archivo pesado,
  como un PDF, te dará la opción de Marcación para realizar anotaciones a mano alzada e incluso tendrás la opción de Optimizar
  tamaño de archivo.

¿A qué estás esperando? ¡Corre a probar estos
trucos!

7. Controla tu iPhone con gestos

Imagina poder navegar por tu iPhone solo con gestos,
sin necesidad de tocar la pantalla. Es una función
realmente asombrosa y puede ser de gran ayuda
para muchas personas.

Aquí te explico cómo lograrlo:

1. Ve a Ajustes.
2. Pulsa en Accesibilidad.
3. Entra en Control por botón.
4. Activa la pestañita de Control por botón.
5. Accede a la opción Botones.
6. Presiona en una de las opciones de Botones inactivos. En este caso, voy a pulsar Cabeza a la izquierda para hacer el ejemplo.
7. Personaliza todos los campos según tus gustos o necesidades. Tendrás que asignar un Nombre, Tipo y una acción que quieras asociar a cada movimiento en Por omisión y pulsar en la pestañita para activar la función.

Con esta configuración, solo tendrás que girar la cabeza hacia el lado que hayas registrado para realizar la acción que indiques, por ejemplo, para bajar el nivel del sonido del iPhone.

Puedes activar un montón de acciones como: Tocar, Inicio, Centro de notificaciones, Selector de app, Menú de atajos, Salir, Dictado, Función rápida accesibilidad...

¡Y muchas más!

8. ¡Convierte monedas y medidas en un periquete con tu iPhone!

Con el iPhone puedes convertir en cualquier momento las distintas monedas y hasta unidades de medida con solo unos simples pasos:

1. Escribe lo que quieras convertir en cualquier app que uses para escribir (Notas, Mensajes, WhatsApp...).
2. Selecciona el texto que contiene la medida que deseas convertir.
3. Desliza el dedo hacia la derecha en las opciones que aparecen.
4. ¡Y... magia! Aparecerá la conversión a tu moneda de forma automática o, en el caso de unidades de medida, sus equivalencias.

¡Así de fácil!

Ya no necesitas perder tiempo buscando apps o haciendo cálculos manuales. ¡El iPhone te lo pone en bandeja!

9. ¡Adiós a la luz cegadora del móvil!

¿La pantalla de tu móvil brilla más que una estrella fugaz en la oscuridad? ¡No sufras más! Te traigo el truco definitivo para bajar el brillo muuuuucho más del nivel que trae por defecto el iPhone.

1. Abre la app de Ajustes.
2. Busca la sección de Accesibilidad.
3. Entra en Pantalla y tamaño del texto.
4. Activa la pestaña de Reducir punto blanco.
5. Te aparecerá una línea que puedes deslizar hacia la derecha para bajar el nivel de brillo.

¡Toma ya! Tienes el brillo más bajo que permite tu móvil.

UN CONSEJO TE DEJO

Si quieres volver a subir el nivel del brillo, repite los pasos del tutorial y en el punto 5 desliza tu dedo hacia la izquierda en la línea para subir el brillo hasta conseguir el que desees.

¡Un pequeño cambio que marca una gran diferencia!

10. Bye-bye, fisgones

¿Te sientes un poco incómodo al prestar tu móvil por si alguien revisa documentos o información privada? Con este sencillo truco podrás proteger tu iPhone y asegurarte de que tu información permanezca segura:

1. Abre Ajustes.
2. Entra en Accesibilidad.
3. Accede a Acceso guiado.
4. Activa las funciones Acceso guiado y Función rápida.
5. Abre la app que quieras blindar.
6. Pulsa 3 veces el botón lateral.
7. En este momento podrás rodear con el dedo las áreas de la pantalla que quieras desactivar (para que la persona a la que le prestes el iPhone no pueda cotillear).
8. Pulsa Iniciar.
9. Introduce un código secreto de 4 dígitos. ¡Y listo! Solo se podrá usar esa app cuando lo indiques.
10. Para desbloquearlo, pulsa de nuevo 3 veces seguidas el botón lateral.
11. Introduce tu código secreto y podrás pulsar en Reanudar (en el caso de que aún quieras man-

tener tu móvil bloqueado), o bien en Finalizar para que todo vuelva a la normalidad.

¡A partir de ahora, solo tú tendrás el control de tu iPhone!

MANDADIVINANZA

No tengo neuronas pero sé razonar,
mis redes profundas no paran de hablar.
Aprendo tus gustos, me nutro de datos,
y en pocos segundos, resuelvo mil tratos.
No soy humana pero sé imitar,
me llaman por letras, ¿me puedes nombrar?

OPCIONES:

   a) R2-D2 - 01111
   b) IA - 10000
   c) O2 - 10001

Escribe aquí el código binario de la opción que hayas elegido:

7

NO VIVIRÁS SIN ESTOS ATAJOS PARA TU ORDENADOR

Disfrutarás de una experiencia informática tan eficiente y satisfactoria que pasará a la historia

Una tarde, estando en casa con mi abuelo Paco y mi abuela Antonia, mientras ellos veían una de sus películas favoritas, *Lo que el viento se llevó*, y yo estudiaba con mi ordenador, les comenté: «Abuelos, estoy muy preocupada porque he pillado un virus y no sé cómo solucionarlo». Enseguida mi abuela se levantó y volvió con una infusión caliente y miel y me dijo: «Toma, mi vida, esto te ayudará. Tenemos que eliminar ese virus antes de que empeore». Ante la reacción de mi abuela, me entró un ataque de risa y le dije: «En estos casos no sirve, un virus de ordenador no es como un virus en humanos». Mi abuela, en ese momento, se dio cuenta de la metedura de pata y me contestó: «Ay, hija, ¡esta tecnología me tiene confundida!». Y mi abuelo, entre risas, le dijo: «Antonia, eres única. Cuando te hicieron, rompieron el molde».

¡Por cierto! Antes de comenzar con los *Mandaciertos*: ¿eres de Windows o Mac? No importa, ¡he preparado trucos para tooodos los gustos! Los primeros cinco tutoriales de este capítulo son especialmente para fans de Windows, y los últimos para los que se decantan más por macOS. Anda, ¿eh?

1. ¡Apaga y vámonos!

Seguro que has apagado tu ordenador miles de veces, pero ¿sabías que el método tradicional lo deja en modo de hibernación?

Se trata de la hibernación híbrida, que sirve para que tu PC tarde menos tiempo en apagarse y en encenderse (pero también implica que no se apague del todo).

A partir de ahora, en lugar de pulsar simplemente

en el botón de Apagar, sigue estos pasos para des-
conectarlo del todo (¡está *chupao*!):

— Mientras mantienes presionada la tecla Shift,
haz clic en Apagar. ¡Y listo!

Tardará un pelín más de la cuenta en apagarse
pero ya está: ¡es tan fácil como eso!

¡Con este tip, tu PC quedará apagado de verdad,
sin medias tintas!

2. ¡Haz más en menos tiempo!

Microsoft PowerToys son un conjunto de utilidades
gratuitas desarrolladas por Microsoft con las que podrás personalizar y sacar el mááááááximo partido a
tu equipo.

Para activar estas herramientas solo sigue estos
pasos:

— Busca Microsoft PowerToys en Microsoft Apps.
— Haz clic en Instalar y sigue las instrucciones en
pantalla.

¿Para qué sirve PowerToys? ¡Sigue leyendo!

Ofrece una amplia gama de utilidades que abarcan diferentes áreas:

Productividad:

◇ **FancyZones**: organiza las ventanas en diseños predefinidos para una mejor gestión del espacio de trabajo.

◇ **PowerToys Run**: un iniciador rápido con características adicionales.

◇ **Áreas de trabajo**: permite iniciar al mismo tiempo un conjunto de aplicaciones (configuradas de forma personalizada).

◇ **Administrador de teclado**: te permite crear tus propios métodos abreviados de teclado.

Personalización:

◇ **Always On Top**: mantén una ventana siempre visible encima de las demás.

◇ **Selector de colores**: selecciona colores de la pantalla y obtiene sus códigos.

◇ **Regla de pantalla**: mide píxeles en la pantalla.

◇ **Utilidades del mouse**: añade funciones al cursor del ratón, como: Buscar mi mouse, Marcador de resaltado del ratón, Cruces del puntero del mouse, Salto del mouse.

Otras utilidades también muy top:

◇ Text Extractor: copia el texto de la región seleccionada y lo coloca en el Portapapeles.

◇ Cerrajero de archivos: muestra los procesos que usan los archivos seleccionados y permite cerrarlos.

◇ Awake: evita que el equipo entre en suspensión.

◇ Pegado avanzado: coloca el contenido del Portapapeles en cualquier formato.

¡Hace (casi) de todo!

3. ¡Controla tu PC de forma remota!

Imagina que tienes dos ordenadores: uno en tu casa y otro en la oficina. Con la herramienta Escritorio Remoto de Chrome, puedes usar tu PC personal para controlar el del trabajo (o viceversa) como si estuvieras sentado frente a ellos. ¿Suena bien, no?

Configura el acceso remoto a tu PC:

1. En tu ordenador abre Chrome y entra en <remotedesktop.google.com/access>.

2. Y, por último, en la opción Configurar acceso remoto, haz clic en Descargar, sigue las instrucciones que aparecen en pantalla ¡y listo!

(Para acceder a Escritorio Remoto de Chrome es probable que tengas que escribir la contraseña de tu ordenador y necesites ajustar la configuración de seguridad en Preferencias, ¡aunque, *no problem*, es muy sencillo!).

Cómo compartir un ordenador con otra persona:

1. Abre Chrome.

2. Entra en <remotedesktop.google.com/support>.

3. Una vez en Recibir asistencia, haz clic en Descargar. Luego sigue las instrucciones para instalar Escritorio Remoto de Chrome.

4. En Recibir asistencia, haz clic en Generar código.

5. Copia el código y envíaselo a la persona que quieras que acceda a tu PC.

6. Cuando esa persona introduzca tu código de acceso en el sitio, se te mostrará un cuadro

de diálogo con su dirección de correo electrónico. Selecciona Compartir para permitirle el acceso total a tu ordenador.

7. Cuando quieras finalizar la sesión compartida, solo tienes que hacer clic Dejar de compartir.

Por seguridad, el código de acceso solo funcionará una vez. Además, si compartes tu ordenador, cada treinta minutos se te pedirá que confirmes que quieres seguir compartiéndolo.

Cómo acceder a un ordenador de forma remota:
¡Con unos pocos pasos, puedes hacerlo!

1. Abre Chrome.
2. Entra en esta dirección: <remotedesktop.google.com/access>.
3. Haz clic en Acceder para seleccionar el ordenador que quieras.
4. Luego deberás introducir el PIN para acceder con otro PC.
5. Por último, selecciona la flecha para conectarte.

¿Qué usos puedes hacer de este tip?:
– Si necesitas acceder a archivos o programas importantes que están, por ejemplo, en tu orde-

nador de la oficina, puedes hacerlo desde cualquier lugar donde tengas conexión a internet.

- Si un amigo o familiar tiene problemas con su ordenador, puedes conectarte de forma remota para ayudarle a solucionarlos.

¡Listo! Ya puedes usar tu ordenador desde cualquier lugar y de forma totalmente segura.

4. La forma más rápida de copiar y pegar

¡Olvídate de copiar y pegar de trocito en trocito de texto! ¡Con este atajo terminarás tus tareas en un abrir y cerrar de ojos!

¿Cómo funciona?:
1. ¡Resalta las palabras, frases o párrafos que quieras copiar.
2. ¡Presiona las teclas Windows y V al mismo tiempo y ¡zas! Aparecerá la ventana del portapapeles, con todos los elementos que has copiado. Solo haz clic en los que quieras pegar y ¡listo!

¿Por qué es tan genial?:
- Ahorra un montón de tiempo.

- Puedes ver todo lo que has copiado antes de pegarlo y elegir el orden perfecto.

¿Dónde funciona este truco?:
¡En casi todos lados! Word, Excel, PowerPoint, tu navegador favorito... ¡En cualquier sitio donde puedas copiar y pegar!

¡Pruébalo y prepárate para ser más productivo que nunca!

5. Vídeos en modo bolsillo: ¡llévatelos adonde quieras!

Imagina que estás viendo un vídeo superinteresante y de repente te acuerdas de que tenías que responder un correo importante. ¡Podrías hacer ambas cosas al mismo tiempo!

¿Cómo?

¡Muy fácil! La extensión Picture-in-Picture de Google permite reproducir vídeos en una pequeña ventana que puedes mover y redimensionar mientras realizas otras tareas en tu navegador. ¡Es ideal para ver tutoriales o programas mientras trabajas en otros documentos!

Sigue estos sencillísimos pasos para instalar la extensión:

1. Abre Chrome y busca Chrome Web Store.
2. En la barra de búsqueda, escribe Picture-in-Picture Extension (by Google) e instala la extensión.
3. Para habilitar la ventana flotante, entra en Chrome y pulsa en el icono de las extensiones que aparece en la esquina superior derecha de la pantalla.
4. Presiona en la extensión Picture-in-Picture Extension (by Google) y aparecerá automáticamente el reproductor por delante del resto de las páginas que tengas abiertas. ¡Más cómodo, imposible!

¿Ventajas? ¡Muchas!:

- Permite realizar varias tareas al mismo tiempo sin perder de vista el vídeo.
- La ventana flotante se puede ajustar de tamaño y desplazar por la pantalla a tu gusto.
- Funciona con la mayoría de los sitios web que reproducen vídeos.

¡Es lo más!

6. ¡Dale un *re*-toque personal a tus carpetas con estos dos tips!

¡Vamos con el primer truco! ¡Es hora de darle un toque de color y diversión a tu Mac!

1. ¡Busca la foto perfecta en Google Imágenes! Escribe lo que se te ocurra en el buscador, luego dale a Herramientas, presiona en Color y elige la opción Transparentes. ¡Así encontrarás imágenes chulísimas sin fondo!
2. Cuando encuentres la foto que más te guste, haz clic derecho sobre ella y selecciona Copiar imagen.

¡Llegó la parte más guay del Paraguay!

3. Ve a la carpeta que quieras personalizar y haz clic sobre ella para seleccionarla.
4. En la barra de menú (que aparece en la parte superior de la pantalla del Mac) presiona en Archivo.
5. Pulsa en Obtener información y luego haz clic en la foto de la carpeta que aparece arriba a la izquierda.
6. Por último, simplemente presiona las teclas

Cmd+V. ¡Y listo! ¡Ya tienes una carpeta superoriginal y personalizada con tu foto!

UN CONSEJO TE DEJO

Si quieres que tus diseños molen un montón, lo mejor es que las imágenes no tengan fondo, esto es, que sean transparentes. En el caso que hayas elegido alguna foto de tu galería que no sea así, no te preocupes, con herramientas como Adobe Express puedes quitar el fondo en un pispás (y gratis).

¡Y ahora el segundo tip (pero no menos importante)!

1. Entra en cualquier carpeta.
2. Pulsa en la opción Visualización de la barra de menú del Mac.
3. Presiona en Mostrar opciones de visualización.
4. Una vez aquí, en el apartado Fondo selecciona la opción Color y pulsa en el cuadro que aparece a su derecha.
5. ¡Y te aparecerá una esfera donde podrás elegir

la tonalidad que más te guste solamente pulsando en el color que quieras! ¡Es así de fácil!

¡Tus carpetas, tus reglas!

7. ¡Aumenta (el doble) tu productividad!

Te sorprenderá lo fácil que es dividir tu pantalla en dos y mejorar tu productividad.

1. Abre dos ventanas y ponlas a pantalla completa.
2. Luego desliza hacia arriba en el *trackpad* con 4 dedos a la vez.
3. Arrastra una de las ventanas que tengas abiertas y suéltala encima de otra.
4. Por último, haz clic en la ventana que te aparezca dividida en dos y listo.

CONSEJOS TE DEJO

- ¿Quieres más espacio para una ventana que para la otra? ¡Fácil! Solo tienes que deslizar la barra central hacia donde quieras. Y cuando necesites volver al centro, ¡haz doble clic sobre ella y listo!
- ¡Cámbialas de sitio, es supersencillo! Solo haz clic sobre una de las ventanas y arrástrala desde la parte superior de la ventana hacia el lado que quieras.

Advertencia: este truco puede provocar un notable aumento de tu productividad.

8. ¡Dale vida a las esquinas de tu Mac!

¿Sabías que puedes convertir las esquinas de tu pantalla en atajos superrápidos? ¡Así es! Con esta sencilla configuración, podrás activar tus funciones favoritas con un simple movimiento del ratón.

¡Toma nota!

1. Entra en Preferencias del sistema (o Configuración del sistema).
2. Luego accede a Escritorio y salvapantallas.
3. Presiona en Esquinas activas y... ¡aquí viene el truco!
4. Selecciona la acción que quieras para cada esquina: Mission Control, Centro de notificaciones, etc. ¡Las posibilidades son infinitas!
5. Pulsa en Aceptar ¡y listo!

A partir de ahora, cuando coloques el cursor sobre las esquinas, aparecerán automáticamente tus funciones favoritas.

¡De nada, monada!

9. Truco para ajustar el sonido y brillo con total precisión

¿Demasiado brillo? ¿Muy bajo el volumen? Si quieres tener un control gradual superpreciso en la luz de la pantalla o el sonido de tu Mac, este truco es para ti.

Simplemente mantén presionada la combinación Alt+Shift y las teclas de Subir o Bajar el volumen/brillo.

¡Notarás la diferencia, pruébalo y verás! ¡Tus ojos y oídos te lo agradecerán!

10. ¡Cómo controlar tu Mac con gestos faciales!

¡Tu cara, tu cursor!

1. Presiona Alt + Cmd + F5 y ¡zas! aparecerán las funciones rápidas de accesibilidad.
2. Dentro de esta ventana, activa la función llamada Control del puntero con la cabeza y dale a Aceptar.

¡Y listo! Tu Mac utilizará la cámara integrada para rastrear los movimientos de tu cabeza y que el cursor se desplace de la forma correspondiente. Es una herramienta de accesibilidad muy útil y una forma distinta de interactuar con tu ordenador.

Pero... ¡esto no es todo! También puedes configurar gestos específicos (como parpadear o sacar la lengua) para realizar acciones como el doble clic:

1. Entra en Preferencias del sistema.
2. Accede a Accesibilidad.
3. Entra en Control del puntero y después en Métodos de control alternativos.
4. Activa la opción Activar las acciones alternativas del puntero y presiona en el botón de Opciones.
5. Por último, selecciona la acción que quieras (en este caso, doble clic) y luego elige la expresión facial que quieras asignar a la función en cuestión y dale a Aceptar. *Et voilà!*

UN CONSEJO TE DEJO

En el paso 5, en lugar del doble clic, puedes elegir otras acciones como: clic izquierdo, clic derecho, triple clic o arrastrar y soltar.

¿Quién necesita un ratón existiendo este *MandA-CIERTO?*

MANDADIVINANZA

Soy testigo de tu risa,
del tiempo que se desliza.
No te muevo, solo miro
y en papel tu vida pinto.
¿Qué soy?

OPCIONES:

a) La fotografía – 10010

b) Un espejo – 10011

c) Una libreta – 10100

Escribe aquí el código binario de la opción que hayas elegido:

8

NO PRESUMIRÁS SI DESCONOCES ESTOS TIPS CASEROS

Con un poco de maña y sin gastar de más, crearás ingeniosos hacks en un pispás

Siempre me ha gustado seguir tutoriales en internet sobre cómo hacer trucos caseros en el móvil, el PC... Mi madre aguantaba con paciencia mientras convertía la casa en un laboratorio de invenciones. Recuerdo una vez que decidí poner en práctica un truco para mejorar la señal de wifi en casa. El tutorial sugería usar una caja de galletas forrada con papel de aluminio. Como la caja estaba llena, me comí la mitad del paquete y le di el resto a mis perros (Bampsy y Nika). A la hora de la merienda, mi madre comenzó a buscar las galletas; mientras tanto, yo fingía no saber nada con cara de inocencia. Mi artilugio quedó genial, lo que no quedó tan bien fue el piso: un caos. Mis pobres perros habían sufrido efectos secundarios y habían dejado un rastro por toda la casa, y se escondieron con caritas asustadas bajo la mesa. Desde aquel día, siempre que hago experimentos, mi madre se ofrece para darles un paseo extra.

1. ¡Papel, tijeras y acción!

¿Crees que el papel solo sirve para escribir? ¡Piénsalo otra vez!

¡Prepárate para descubrir dos trucos alucinantes que te dejarán con la boca abierta!

Primer truco: ¡Adiós, amarillo!:
¿Tu funda de móvil transparente te está pidiendo a gritos un cambio de look? ¡Tengo la solución perfecta para que deje de estar más amarilla que un plátano!
Materiales:
- Papel crepé (del color que quieras personalizar la carcasa de tu móvil).

- Agua caliente.
- Un recipiente.
- ¡Ah! Y la funda, por supuesto.

¡Manos a la obra!

1. Corta el papel crepé en trozos pequeños y colócalo en el recipiente.
2. Vierte agua caliente sobre el papel crepé y deja que se tiña el agua.
3. Sumerge la funda en el agua teñida y déjala reposar allí durante unos minutos.
4. Retira la funda y enjuágala con agua fría.
5. Repite el proceso si deseas un color más intenso.

¡Y listo! ¡Cuida el planeta y únete al movimiento Re: ¡retoca, recicla y reutiliza!

Segundo tip: ¡convierte una simple hoja de papel en el trono perfecto para el rey (de tu bolsillo)!:
Necesitas:

- Un folio rectangular (tu próxima víctima de dobleces).

- Ganas de pasarlo genial (¡y de no perderte tus pelis y series favoritas!).

Pasos que seguir:

1. Dobla el folio por la mitad hacia la izquierda.
2. Pliégalo de nuevo por la mitad, esta vez hacia la derecha. ¡Ya estás a mitad de camino!
3. Voltea el papel y dobla la parte inferior hacia arriba.
4. Presiónalo y dóblalo hacia abajo. ¡Y listo! Tu soporte empapelado está preparado para la acción.

CONSEJOS TE DEJO

- Elige un papel resistente para que tu soporte aguante el peso de tu móvil sin flaquear.
- Saca tu lado creativo y decora el papel como más te guste. ¡Y tu móvil tendrá un trono inmejorable!
- Si no te sale a la primera, ¡no te rindas, vuelve a intentarlo! La recompensa vale la pena.

2. Cómo sujetar el Apple Watch mientras lo cargas (aunque no tengas dónde colocarlo)

¿Se ha quedado sin batería tu Apple Watch y no tienes cerca ningún lugar donde colocarlo? ¡No te preocupes!

Solo necesitarás:

- El bloque de alimentación.
- Cable USB.

Es así de sencillo:

1. Enchufa el bloque de alimentación a la corriente, como siempre.
2. Dale la vuelta a tu Apple Watch.
3. Pon la correa de forma que en medio de la zona del huequito se encuentre la ranura del bloque de alimentación.
4. Conecta el cable y pasa el otro extremo del mismo, que tiene el imán por la zona trasera de la esfera del reloj, ¡y listo! ¡Tu Apple Watch se quedará automáticamente colgando!

La próxima vez solo necesitarás un poco de ingenio y... ¡abracadabra!

3. Cómo usar tu móvil con las manos manchadas sin pringarlo

Si te pillan con las manos en la masa y quieres usar el móvil, ¡no te preocupes! Con este sencillo truco podrás usar tu dispositivo sin mancharlo. Es muy útil, por ejemplo, cuando estás cocinando y siguiendo una receta en la pantalla.

Solo necesitas un ingrediente:
– Papel film transparente.

¿Cómo hacerlo?:
1. Extiende un poco de papel film sobre una superficie plana.
2. Coloca tu móvil boca abajo sobre el film y envuélvelo completamente asegurándote de que todas las partes queden cubiertas, incluyendo la pantalla, los botones y los puertos.
3. Presiona suavemente el film para que se adhiera bien al móvil.

Et voilà! Problema solucionado. Ya podrás usar tu móvil sin preocuparte de estropearlo (hasta cuando tengas las manos manchadas de aceite).

CONSEJOS TE DEJO

- Asegúrate de usar un film transparente y de buena calidad, para que no afecte la visibilidad de la pantalla.
- Al usar el móvil, evita pellizcar o presionar el film con demasiada fuerza, ya que podría romperse.
- Ten cuidado con el calor, no expongas el móvil envuelto en film a fuentes de calor directas, como el fuego o el horno.

4. Truco para hacer fotos bajo el agua aunque tu móvil deteste mojarse más que los gatos

¿Cómo funciona esta magia? Es muy sencillo:

1. Coge un vaso transparente. Cuanto más claro, mejor entrará la luz.

2. Pon el móvil boca abajo dentro del vaso.

3. Sumerge el vaso en el agua con cuidado. No apures mucho más de la mitad del vaso, con un poco de piscina o mar, basta. Y siempre con cuidado, ya que la zona de arriba está al descubierto.

4. ¡Dispara a lo loco! Experimenta con diferentes ángulos y distancias. Recuerda que, bajo el agua, la luz se distorsiona, así que tendrás que jugar un poco para encontrar la toma perfecta.

CONSEJOS TE DEJO

¡La seguridad es lo primero! Si lo pones en práctica en la playa, con mucho ojo: solo si el mar está en calma. No queremos sustos acuáticos, ¿verdad?

5. Tu móvil a salvo en la playa: ¡Operación Pepinillo!

¿Estás cansado de que las gaviotas y las no gaviotas (ya me entiendes) chismeen entre tus cosas y puedan escaparse con tu móvil mientras te das un chapuzón? ¡La Operación Pepinillo está aquí para salvar tu preciado dispositivo!

Necesitas:

- Un tarro de pepinillos (o cualquier otro tarro donde quepa tu móvil).
- Un pegamento resistente.
- Una pelota de tenis (o cualquier objeto que tengas a mano).

Pasos para la misión:

1. Pega la pelota de tenis al tarro de pepinillos.
2. Busca un lugar discreto en la arena y cava un hoyo. Introduce el tarro de pepinillos hasta que solo quede visible la pelota. ¡Tu móvil estará a salvo en su guarida secreta!
3. Recuéstate en tu toalla, relájate y disfruta del

sol y el mar. ¡Las gaviotas y no gaviotas travie-
sas no sabrán que les has ganado!

CONSEJOS TE DEJO

- Para mayor seguridad, puedes envolver tu
  móvil en una bolsa impermeable (la típica
  de los bocadillos) antes de meterlo en el
  tarro.
- Si no tienes un tarro de pepinillos a mano,
  puedes usar cualquier otro recipiente que
  tengas por casa, como un táper.

6. Altavoces de tu móvil: ¡impolutos!

¡Dale un respiro a tus bocinas! ¿Cansado de que tu
móvil suene como un cantante con la nariz tapada?
Con este *lifehack* tan fácil y rápido le descongestio-
narás y lo dejarás como nuevo, sin rastro de pelusillas
o polvo, en segundos.

Necesitarás:

- Cinta adhesiva.

- Un pincho extractor (ese palillo que viene en la caja con tu móvil nuevo para ayudarte a introducir o extraer la SIM).
- Algo de paciencia.

Instrucciones:

1. Nuestro objetivo es atrapar el polvo, así que cubre las bocinas de tu móvil con cinta adhesiva. Presiónalas bien para que quede perfectamente pegado.
2. ¡A la carga! Coge tu pincho extractor e introdúcelo en cada uno de los orificios de los altavoces.
3. ¡Eureka! Retira la cinta adhesiva y contempla con orgullo tu obra. ¡Tus bocinas estarán tan limpias que volverán a sonar como nuevas!

CONSEJOS TE DEJO

- Si la suciedad no se va ni a la de tres, ¡no te rindas! Repite el ataque hasta que tu móvil brille como una estrella. ¡La persistencia es la clave!
- Dale un trato VIP a tu móvil y resérvale un bolsillo exclusivo en tu bolso o mochila (así te asegurarás de protegerlo de rayones o polvo). Un poco de mimo nunca viene mal, ¿no crees?

7. Convierte tus cargadores en cables indestructibles

¿Los cables de tus cargadores (especialmente los de la manzanita) se doblan, rompen o te han dejado alguna vez incomunicado cual náufrago en una isla? Me conozco la respuesta. Por eso te traigo el truco definitivo para convertirlo en titanes indestructibles.
Necesitarás:

- Un cable de cargador (probablemente ya tengas uno o varios en modo momia).

– Un bolígrafo (el que menos uses, que no vaya a llorar por su muelle).
– Algo de maña.

Instrucciones:

1. Extrae el muelle del bolígrafo.
2. Enrolla el muelle alrededor del cable del cargador. Dale todas las vueltas necesarias.
3. ¡Felicidades! Tu cargador ahora tiene un refuerzo de acero listo para superar batallas contra dobleces y desgarros.

¡Con este truco y un poco de cuidado, tu cargador te acompañará en todas tus aventuras sin perder la chispa!

¿*Cómo funciona este exoesqueleto?:*
El muelle del bolígrafo actúa como un refuerzo, reparte la fuerza por todo el cable y evita que se concentre en un solo punto.

CONSEJOS TE DEJO

- Puedes usar más de un muelle para una protección extra (nivel tanque).
- Si quieres aún más protección, combina este truco con otros, como forrar el cable con cinta aislante o guardarlo en un estuche.

AVISO, COCOLISO

¡Este truco no lo convierte en inmune! Si usas tu cargador como si fuera la correa de tu mascota, es probable que no dure mucho.

8. Soporte casero para auriculares

¿Cansado de ver tus auriculares dando vueltas como trompos locos? ¿Harto de tropezar con ellos en la más absoluta oscuridad? ¡No te preocupes, amigo mío! Ha llegado el momento de tu salvación:

Materiales que necesitarás:

- Un portarrollos de papel de cocina/baño que ya no uses (una tabla vieja, etc... ¡lo que sea que te inspire!).
- Un palito de madera.
- Silicona.
- Figuras de madera o corcho (si eres un manitas, ¡puedes hacerlas tú mismo con un cúter!)
- Pinturas acrílicas.
- Brochas.
- Cinta de doble cara.

Instrucciones paso a paso para convertirte en un maestro del bricolaje:

1. ¡Saca al artista que llevas dentro! Pinta el portarrollos con tus colores favoritos.
2. ¡Dale color al palo de madera! Hazlo del mismo color que la base o atrévete con un contraste, lo que prefieras.
3. Con la ayuda de la silicona, pega el palo de madera en la parte superior de la base. ¡Ahí descansarán tus auriculares!
4. Pinta las figuras de madera o corcho con tus colores favoritos o ¡hazlas tú mismo con un cúter!
5. Pon un trocito de cinta de doble cara en uno o ambos extremos del palo de madera.

6. ¡El toque final! Pega tus creaciones o figuras en la cinta de doble cara. ¡Y listo, ya tienes tu soporte listo para brillar!

CONSEJOS TE DEJO

- Puedes cambiar las figuras de vez en cuando.
- ¡Doble función! Usa el soporte para colgar tus collares en la parte trasera y tus anillos en la base.
- ¡Personalízalo al máximo! Añade fotos, frases, ¡lo que se te ocurra! Hazlo único y especial.

¡Manos a la obra!

9. Crea el trípode portátil más ligero del mundo

¡Adiós, selfis borrosas y trípodes engorrosos! Si estás harto de que tu móvil se caiga al suelo en la búsqueda de la foto perfecta o de cargar con trípodes pesados e incómodos, ¡te traigo la solución!

¡Te presento el trípode con goma de pelo!: la forma más simple, práctica y divertida de sujetar tu móvil en cualquier lugar.

Solo necesitas:

- Una goma de pelo.
- Localizar una farola, valla o cualquier otro objeto similar.

Únicamente haz esto:

1. Coloca tu móvil delante de la valla.
2. Dale una vuelta a una goma de pelo (asegúrate de que el móvil quede bien agarrado).
3. ¡Y listo! Ya puedes centrarte en posar y disfrutar del momento sin preocuparte por nada más.

¿Por qué crear el trípode con goma de pelo?:
- Es portátil: cabe en tu bolsillo o mochila, ¡y no pesa nada!
- Es fácil de usar: no necesitas instrucciones complicadas, solo una goma de pelo.
- Es versátil: utilízalo en farolas, vallas, ramas de árboles... ¡las posibilidades son infinitas!
- Es seguro: tu móvil estará totalmente sujeto.
- Es divertido: ¡sorprende a tus amigos con este ingenioso truco!

¿A qué esperas? ¡Crea tu trípode con goma de pelo!

10. Tu propio estudio de grabación casero

¿Sueñas con tener tu propio estudio de grabación profesional en casa? ¡Es más fácil de lo que piensas y lo harás en un pispás!

Lo que necesitas:

- Cuatro luces (ahora entenderás por qué: ni más ni menos que cuatro).

Sigue estos pasos:

1. Pon una lámpara delante de ti, a 45° del eje principal de la cámara. ¡Será tu luz principal y definirá tu forma y volumen!
2. Coloca una luz de relleno en el lado opuesto a la luz principal, a los otros 45° del eje principal de la cámara. No te preocupes, esta puede ser menos intensa que la luz principal.
3. Pon una luz de recorte/separación detrás de ti y en diagonal para destacar los bordes de tu figurín.
4. Y ahora el toque final: dirige una luz para que ilumine solo el fondo (puede ser una luz suave o dura, el objetivo es crear profundidad).

¿Quieres ir aún más allá y conseguir efectos más tops aún? ¡Pues tengo buenas noticias!

Así puedes ampliar tu kit de iluminación con cosas que tienes por casa (y alguna que otra con la que puedes hacerte por poco).

¡Vamos a crear!

- Un reflector: funciona como un foco extra (¡viene genial para acabar con las sombras!).
- Un difusor: suavizará la luz y conseguirás un efecto de cine impecable.
- Un foco de colores: para dar un toque misterioso o crear un halo detrás de ti. ¡Experimenta!

¿Cómo hacerlos? ¡Vamos allá, sin prisa pero sin pausa!

Reflector casero:

¡Vamos a acabar con las molestas sombras!

Necesitarás:

- Cartulina blanca de un tamaño decente.
- Papel de aluminio brillante.
- Pegamento.
- Tijeras.

¡Manos a la obra!

Corta la cartulina con forma de círculo, cuadrado, la que prefieras.

Cubre la cartulina con el papel de aluminio, pegándolo bien. Asegúrate de que el lado brillante quede hacia fuera para que la luz rebote.

¡Y tachán! Tu reflector casero está listo para iluminar tus fotos y vídeos como nunca antes.

Difusor casero:

¡Adiós, sombras duras que parecen sacadas de una película de miedo!

Materiales:

- Un trozo de cartón (cualquier caja te servirá).
- Hojas de papel absorbente.
- Cinta adhesiva.
- Tijeras o cúter.

Instrucciones:

1. Con el cartón, crea un marco rectangular o cuadrado. No te preocupes si no queda perfecto, ¡la belleza está en las imperfecciones!
2. Corta las hojas de papel absorbente por la mitad, hasta crear dos capas más finas.
3. Une las dos capas de papel absorbente por uno de sus extremos con cinta adhesiva.
4. Pega la hoja doble de papel absorbente al cartón usando más cinta adhesiva. ¡Y listo! Ya tienes tu difusor casero.

UN CONSEJO TE DEJO

Coloca tu difusor casero delante de cualquier luz dura, asegurándote de que quede toda cubierta por el papel. ¡Verás la magia!

La luz se suavizará, eliminará esas sombras molestas, y creará una iluminación más uniforme y favorecedora para tus fotos y vídeos.

Cómo hacer luces led sin tener luces led:
Puedes utilizar:

- Filtros de gelatina de color (fuera de una bombilla para conseguir luces de colores, siempre y cuando tengas en cuenta estas precauciones básicas):
  - Asegúrate de utilizar filtros de gelatina diseñados para iluminación, ya que están fabricados con materiales resistentes al calor.
  - Coloca el filtro a una distancia segura de la bombilla para evitar que se sobrecaliente y se deforme.
  - Fija el filtro de forma segura para evitar que se caiga y entre en contacto con la bombilla caliente.

Ventajas de usar filtros de gelatina:

- Podrás crear efectos de iluminación con una amplia gama de colores.
- Son fáciles de instalar y quitar.

¡Con este pack serás la envidia sana de todos tus amigos fotógrafos porque cualquier rincón de tu casa se convertirá en el plató perfecto para tus creaciones!

¿A qué esperas para dar rienda suelta a tu creatividad?

MANDADIVINANZA

De lo invisible me visto
pero en tu oído me hago real.
Soy la reina del sonido,
y siempre tengo algo que contar.
¿Qué soy?

OPCIONES:

   a) Audífono - 10101

   b) Auriculares - 10110

   c) Radio - 10111

Escribe aquí el código binario de la opción que hayas elegido:

NO CONSENTIRÁS SER UN NEGADO EN LA EDICIÓN DE VÍDEOS

Pondrás a prueba tus habilidades en edición y obtendrás grandiosidades para tu colección

Desde muy pequeña me apasiona editar vídeos y gracias a participar en concursos fui mejorando cada vez más. Pasaba horas aprendiendo nuevos efectos para impresionar al jurado. Participé en diversos concursos por internet: fotográficos, de frases originales, de edición de vídeos... y tuve la suerte de ganar muchos. Toda mi familia se involucraba en ellos (mi tía Ana, mi tío Juan y mi primo Sergio también hicieron sus cameos) aportando ideas, grabando, saliendo en los vídeos... ¡Hasta mis abuelas Gloria y Antonia participaban! Editar vídeos será siempre mi pasatiempos favorito. Cada concurso se convertía en un reto que me ponía a prueba. Recuerdo con especial cariño uno de ellos donde mi hermana y yo fuimos elegidas finalistas. Para ganar necesitábamos votos de la gente por internet, así que pasamos toda la noche sin apenas dormir. Acabamos agotadas pero valió la pena: ¡ganamos! La alegría fue inmensa, saltábamos de felicidad y mi madre bailaba al compás de: *New York, New York!*, porque el premio era nada más y nada menos que un viaje para dos personas de seis días a esa ciudad con todos los gastos pagados. Fue un concurso estresante pero valió la pena (y les tengo mucho que agradecer a mis conocimientos de edición).

1. ¡Aprende a hacer el efecto *retrozoom* con tu móvil!

El efecto zolly/retrozoom/vértigo es una técnica que crea una sensación de profundidad y desorientación al combinar un movimiento de cámara hacia delante (o hacia atrás) con un zoom en sentido contrario.

Spoiler: el resultado es un efecto visual muuuy

impactante que se ha utilizado en un montón de películas.

¡A grabar se ha dicho!

1. Elige un sujeto: puede ser una persona, un objeto o incluso un paisaje.
2. Coloca al sujeto en el centro del encuadre para que el efecto sea más evidente.
3. Mientras grabas, realiza un movimiento suave y constante con tu móvil hacia delante.

¡Vamos con la edición!

4. Abre tu vídeo en alguna app de edición (como, por ejemplo, CapCut).
5. Ve al final del vídeo y agrega un *keyframe* (el marcador con forma de rombo).
6. Regresa al inicio del vídeo y haz zoom para acercar la imagen.

¡Y listo, ya tienes tu efecto Zolly modo casero con tu móvil!

CONSEJOS TE DEJO

- Estabiliza tu cámara para evitar movimientos bruscos.
- Prueba diferentes velocidades de **zoom** y de movimiento de cámara para encontrar el efecto que más te guste.
- Un buen efecto de sonido puede potenciar aún más el impacto visual y reforzar el significado de la escena.

Et voilá! Ya eres un maestro del retrozoom. Ahora, ¡a impresionar al mundo con tus vídeos de película!

2. Dale un toque profesional a tus vídeos con el efecto *match cut*

Imagina que quieres hacer un vídeo donde pasas de una escena de un reloj de pared a un reloj de pulsera para mostrar el paso del tiempo. ¿Suena creativo y metafórico, verdad?

Se trata de un recurso de montaje que consiste en

realizar un corte entre dos planos con composiciones de encuadre prácticamente idénticas.

Así que... ¡te voy a explicar cómo hacer un match cut con tu propio móvil!

1. Decide qué objeto o sujeto será el protagonista de tu match cut. Puede ser un libro, una puerta, una taza, ¡lo que quieras!

2. Antes de grabar es esencial planificar cómo conectarás el elemento clave. Lo más importante será colocarlo en el mismo lugar dentro del encuadre y en diferentes ubicaciones. (Te recomiendo que actives la cuadrícula en la cámara de tu móvil para ayudarte con las líneas y colocar el sujeto u objeto de la forma más parecida posible tanto en tamaño como en el lugar que ocupe en la imagen de todos los clips).

3. Asegúrate de que el elemento clave esté enfocado en todas las escenas y tenga una iluminación similar.

¡Y seguimos con la edición!

4. Elige una app para editar los vídeos.

5. Coloca los vídeos uno al lado del otro en la línea de tiempo.
6. Corta justo en el momento en que el elemento clave aparece en las escenas en la misma posición. ¡Y listo!

Así de rápido habrás conseguido crear tu propio *match cut* (¡con el móvil!). Recuerda que es una técnica de edición cinematográfica que consiste en realizar un corte entre dos planos de tal manera que exista una conexión visual o narrativa entre ellos.
Practica y verás ¡qué fácil será!

3. Crea tu propio *cinemagraph*

Imagina una foto... pero con un toque de movimiento. ¡Justo eso es un *cinemagraph*! Y... ¡el resultado es bastante llamativo!
¿Qué necesitas?

– Un trípode o soporte estable donde colocar tu móvil para grabar.

¡Es más sencillo de lo que parece!

1. Fija bien tu móvil en un trípode o en un sitio fijo y graba un lugar donde haya movimiento, por ejemplo, agua o humo.
2. Abre CapCut e importa tu clip.
3. Duplica la capa.
4. Enmascara la capa superior: pulsa en la herramienta de máscara y selecciona la zona que tenga movimiento.
5. Ve a la capa superior y ajusta la velocidad de reproducción. Puedes hacerla más lenta o más rápida.
6. Por último, exporta tu *cinemagraph* como un GIF o un vídeo. ¡Y listo!

¡El resultado te encantará, será como tener un trocito de vídeo dentro de una foto!

4. Las cinco transiciones más importantes del cine (y de tus vídeos a partir de ahora)

¿Sabes que las transiciones son consideradas los elementos de puntuación de la realidad cinematográfica, ya que conectan una escena con otra?

Pero... antes de nada, un inciso: ¿qué son y dónde se encuentran las transiciones?

Las transiciones son los conectores que unen las diferentes partes de un vídeo y hacen que la historia fluya de manera natural. Ayudan a crear ritmo y a guiar al espectador a través de la narración. ¡Ojo: muy importante! Los distintos tipos de transiciones pueden transmitir diferentes emociones.

Estas son las transiciones estrella:

- Corte: es la sustitución de una imagen con otra. Puedes usarlo para dar ritmo a tu vídeo, mostrar el paso del tiempo, agilizar el ritmo de la narración, realizar elipsis...
- Encadenado: aquí, una imagen se desvanece mientras otra aparece durante un determinado tiempo. A diferencia del corte, indica una discontinuidad en la acción y un ritmo más lento. Da una sensación más suave y poética que el corte.
- Fundido: es un encadenado de imagen a color (normalmente blanco o negro). Se emplea para expresar una pausa más marcada y un cambio de espacio importante. En resumen, es un punto y aparte. Un ejemplo de cómo utilizarlo sería al apagar la luz, flashes de cámara, un deslumbramiento...

- **Cortinilla**: es una forma divertida de cambiar de escena usando un patrón de recorte con diferentes formas para sustituir una imagen con otra.
- **Barrido**: se trata de hacer una panorámica o un movimiento de cámara muy rápido. Se usa para conectar dos espacios de una misma escena o para pasar de una escena a otra.

UN CONSEJO TE DEJO

CapCut, entre otras apps de edición de vídeo, ofrece una biblioteca inmensa de transiciones con las que puedes elevar tus vídeos a otro nivel. ¡Te sorprenderán los resultados! Así que... ¡a hacer vídeos «de cine» se ha dicho!

¡Experimenta y diviértete!

5. El poder del *timelapse* y el *hyperlapse*

¿Alguna vez has querido ver cómo crece una planta en pocos segundos o cómo se mueve el cielo durante un día entero? Gracias a las técnicas de *timelapse* o *hyperlapse*, ¡puedes hacerlo!

¿Qué es un timelapse?:
Imagina tomar una foto cada segundo durante una hora. Si luego juntas todas esas imágenes y las reproduces a una velocidad normal, verás cómo una hora pasa en solo unos segundos. ¡Así de simple!
¿Qué función cumple?

◇ Mostrar cambios graduales: captar el crecimiento de una planta, el movimiento de las nubes, el tráfico en una ciudad.
◇ Crear efectos visuales impresionantes: condensar horas o días en pocos segundos.

¡Es más fácil de lo que crees! La mayoría de los móviles tienen una función de *timelapse* o cámara rápida integrada. Solo necesitas un poco de creatividad y paciencia.

1. Abre la aplicación de la cámara del móvil.
2. Selecciona el modo Timelapse/cámara rápida.
3. Para conseguir un resultado sin movimientos bruscos, es fundamental fijar el móvil en un trí-

pode o en una superficie plana y firme. (Si no tienes un trípode, puedes improvisar con libros, cajas o cualquier objeto que te permita mantener el móvil completamente quieto). ¡Y listo!

¿Y el hyperlapse?:

Es como un *timelapse*, pero con un toque extra: ¡movimiento!

¿Para qué sirve?

Crear vídeos dinámicos: captar el paso de personas, vehículos, animales...

Ofrecer una perspectiva única.

CONSEJOS TE DEJO

◇ Planifica tu ruta: decide dónde quieres empezar y terminar, y qué quieres capturar en el camino.

◇ Si vas a caminar o correr, un estabilizador te ayudará a mantener la cámara suave.

◇ ¡Sé creativo!: prueba con diferentes ángulos y movimientos para obtener resultados la mar de originales.

Para que lo tengas (aún) más claro:

Característica	Timelapse	Hyperlapse
Cámara	Fija	En movimiento
Efecto	Acelera el tiempo en un lugar	Acelera el tiempo y el movimiento
Ejemplo	Crecimiento de una planta	Recorrido aéreo de una ciudad

¡Anímate a explorar el mundo con una nueva perspectiva!

6. ¿Qué es la **doble exposición** y cómo crearla fácilmente?

Es una técnica que consiste en superponer dos imágenes o vídeos para crear una sola, generando efectos visuales muuuy interesantes y a menudo surrealistas.

¿Qué necesitas?

- Una app de edición de vídeo: CapCut, por ejemplo.
- Dos clips para combinar.

Pasos a seguir:

1. Abre CapCut.
2. Añade dos clips.
3. Coloca uno encima del otro con la herramienta Superposición.
4. Reduce la transparencia del clip superior. Experimenta con diferentes niveles de opacidad hasta encontrar el equilibrio perfecto.
5. Exporta el resultado, *et voilà!* ¡Así de rápido conseguirás un vídeo supercreativo!

¿Cómo lo puedes emplear?
Para crear imágenes surrealistas y únicas, narrar una historia o transmitir un sentimiento de misterio, fantasía, dualidad y complejidad...

¡Ahí lo llevas!

7. Descubre el significado de los planos y ángulos de cámara

¡Empiezo por el principio! Un plano es la parte de la realidad que decides mostrar en tu imagen y es importante que sepas que cada uno de ellos transmite sensaciones y emociones diferentes.

¡Con esta guía rápida aprenderás a utilizarlos!

Gran plano general:

◇ Un paisaje amplio, con la persona (si es que hay alguna) muy pequeña.

◇ Significado: contexto, ambientación (sirve para ubicar al espectador en un lugar y momento determinado).

Plano general:

◇ La persona completa, de pies a cabeza, en relación con su entorno.

◇ Significado: muestra la figura humana en relación con el espacio.

Plano americano:

◇ De los pies a la cabeza, pero cortando justo por las rodillas.

◇ Significado: equilibrio entre la figura humana y el entorno. Muy usado en cine.

Curiosidad: se llama Plano Americano porque en las películas del Oeste era superimportante mostrar a los vaqueros desde la cabeza hasta las rodillas, justo donde llevan las pistoleras.

Plano medio:

◇ De la cabeza a la cintura.

◇ Significado: focaliza la atención en la persona, pero sin perder de vista su entorno. Es un plano muy natural y conversacional.

Plano medio corto:

◇ De la cabeza a la mitad del pecho.

◇ Significado: aumenta la cercanía con el sujeto, al enfatizar su rostro y expresiones.

Primer plano:

◇ La cabeza y los hombros.

◇ Significado: maximiza la expresión facial y los sentimientos del sujeto.

Primerísimo primer plano:

◇ Solo una parte del rostro, como los ojos o la boca.

◇ Significado: destaca un detalle específico y crea una sensación de intimidad.

¡Y ahora, atención, porque esto es la guinda del pastel! ¡Los ángulos de cámara! ¿Estás preparado para darle un giro de 180° a tus vídeos?

- **Plano normal**: a la altura de los ojos. Es el más natural y neutro.
- **Plano picado**: la cámara se encuentra por encima del sujeto, inclinada hacia abajo, hasta crear una perspectiva oblicua (menos de 90 grados). Lo hace parecer más pequeño, débil o vulnerable.
- **Plano contrapicado**: la cámara se encuentra por debajo del sujeto, pero no necesariamente en un ángulo de 90 grados. Está inclinada hacia arriba y crea una perspectiva oblicua. Lo hace parecer más grande, poderoso o imponente.
- **Plano cenital**: la cámara se encuentra directamente encima del sujeto, hasta formar un ángulo de 90 grados con el suelo. Es como si estuvieras viendo la escena a vista de pájaro. Ofrece una vista panorámica y puede dar sensación de pequeñez o insignificancia.

- **Plano nadir**: la cámara se encuentra directamente debajo del sujeto y forma un ángulo de 90 grados con el suelo. Es como si estuvieras mirando hacia arriba desde el suelo. Es el opuesto al cenital y exagera al máximo la sensación de poder/superioridad del sujeto.

Ahora que conoces los conceptos fundamentales de los planos y ángulos de cámara, tienes las herramientas necesarias para empezar a crear vídeos más impactantes. ¡Con tu móvil y un poco de práctica podrás experimentar diferentes encuadres y perspectivas para transmitir emociones y contar historias de manera más efectiva!

¡Una imagen vale más que mil palabras, pero los planos y ángulos bien elegidos valen todavía más!

8. 180 y 30 grados, ¡los ingredientes estrella!

¿Te has dado cuenta de que, aunque la cámara se mueva durante las películas, siempre sabes qué personaje está a la izquierda y cuál a la derecha? Esto no es magia, sino el resultado de dos reglas básicas en el cine: la ley de los 180 grados y la de los 30 grados.

¡Vamos a descubrir cómo funcionan para que puedas aplicarlas en tus vídeos!

Regla de los 180 grados:
Imagina una línea invisible que conecta a dos personas en una escena. La regla establece que la cámara debe mantenerse siempre a un mismo lado de este eje. Si cruzamos esta línea, los personajes parecerán cambiar de lugar injustificadamente en la pantalla, lo que desorientará al espectador.

Regla de los 30 grados:
Esta regla complementa a la anterior. Sugiere que, al cambiar de plano en una misma escena, la cámara debe rotar al menos 30 grados respecto a su posición anterior. Si el cambio de ángulo es menor, el espectador puede percibir un salto o corte brusco en la imagen, como si la cámara se hubiera movido muy poco o hubiera un error en la edición. Esto rompe la ilusión de continuidad y puede distraer al espectador de la historia.

¿Cuándo se pueden romper estas reglas?:
Ambas reglas son guías, no leyes inquebrantables. En ocasiones, romperlas puede crear efectos visuales

muy interesantes. Eso sí, es importante hacerlo de manera consciente y con un propósito claro.

¡No te olvides de estas dos reglas de oro! ¡Y ahora, a crear tus propias historias!

9. Cómo utilizar los *flashbacks* y *flashforwards*

Son recursos narrativos que alteran la línea temporal de una historia, ya sea retrocediendo al pasado (*flashback*) o adelantándose al futuro (*flashforward*), con el objetivo de enriquecer la trama, desarrollar a los personajes y generar intriga.
¡Puedes aplicarlos fácilmente en tus vídeos!

Flashback:
Imagina que estás viendo una película y, de repente, la historia se detiene y te muestran algo que sucedió en el pasado. Puede ser un recuerdo del protagonista, un evento importante que explica algo que está pasando ahora o simplemente un momento clave de la vida del personaje.

Flashforward:

Al contrario del *flashback*, un *flashforward* lleva hacia el futuro. Es como si la historia se adelantara en el tiempo y mostrara un posible evento futuro. Puede  ser una visión del protagonista, un sueño premonitorio o simplemente una manera de crear intriga sobre lo que sucederá después.

¿Para qué se utilizan?:

- Aportar contexto: explican el pasado de un personaje o los eventos que llevaron a una situación actual.
- Crear intriga: genera curiosidad sobre lo que sucederá en el futuro.
- Mostrar el impacto de las decisiones: demuestra cómo las acciones del pasado afectan el presente y el futuro.
- Explorar diferentes posibilidades: presenta futuros alternativos o muestra diferentes caminos que pudo haber tomado un personaje.

Para crear *flashbacks*:

Filtros: utiliza tonos sepia, granulado o viñeteado para darle un aspecto antiguo a tus clips.

Sonidos: agrega efectos de sonido que evoquen nostalgia, como el crujido de un disco de vinilo o el sonido de una antigua radio.

Y para los *flashforwards*:

Filtros: aplica tonos fríos, luces de neón o efectos de distorsión para crear una atmósfera futurista.

Sonidos: utiliza música o efectos de sonido que creen una atmósfera de misterio, como sonidos electrónicos o sirenas distantes.

Ahora que conoces los secretos de los *flashbacks* y *flashforwards*, ¡el mundo del cine está a tus pies!

10. Cortes en J y L: la clave para transiciones fluidas y profesionales

Un corte en L y un corte en J son técnicas de edición de vídeo que se utilizan para crear transiciones más suaves entre clips.

- Corte en J: en este tipo de corte, el audio de la siguiente escena comienza antes de que la imagen cambie. Esto crea un efecto de anticipación y puede usarse para enfatizar un sonido o una palabra clave.
- Corte en L: al contrario que en el anterior, el audio de la escena anterior se prolonga un poco después de que la imagen haya cambiado. Esto ayuda a crear una transición más fluida y puede utilizarse para mantener la atención del espectador en un sonido particular.

¿Para qué sirven?
- Evitan cortes bruscos y hacen que la edición sea más dinámica.
- Enfatizan sonidos.

Porque, a veces, menos es más (¡y suena mejor!) ¡Anímate a probarlos!

MANDADIVINANZA

Soy la mente sin cuerpo que todo puede procesar,
organizo la información y te ayudo a viajar.
En redes me desplazo, ágil como el mar.
Soy la esencia del sistema, siempre listo para actuar.
¿Qué soy?

OPCIONES:

a) Informática – 11000

b) Agencia de viajes – 11001

c) Pez – 11010

Escribe aquí el código binario de la opción que hayas elegido:

NO PODRÁS EVITAR UTILIZAR ESTAS WEBS

Páginas útiles y sencillas que hacen maravillas

Cuando creé mi blog *Música y Mucho Más*, disfrutaba decorándolo, eligiendo letras, colores y *widgets*. Uno de mis favoritos era un mapa que mostraba las localizaciones desde donde se conectaban los visitantes. Me di cuenta de que me gustaba tanto diseñarlo como redactar el contenido de las publicaciones. Recuerdo aquellos años con mucho cariño, ya que me aportaron entretenimiento pero sobre todo conocimientos, pues aprendí a editar fotos y vídeos de forma autodidacta e incluso a trastear un poco con el código HTML, y eso es algo que siempre llevaré conmigo.

1. Crea tu página web sin complicaciones

¿Quieres crear un sitio web pero no sabes por dónde empezar? ¡Google Sites te saca de apuros!
Con Google Sites puedes:

- Crear páginas web: imagina que quieres una web para tu proyecto, un portafolio de tus trabajos o una página para tu pequeña empresa. Con Google Sites, puedes diseñar estas páginas de manera muy intuitiva, arrastrando y soltando los elementos que quieras (texto, imágenes, vídeos, etc.).
- Personalizar tu sitio: puedes elegir entre diferentes plantillas y personalizarlas a tu gusto, cambiando los colores, las fuentes y la estructura general.
- Compartir tu sitio: una vez que hayas creado tu web, puedes compartirla con quien quieras (de forma pública o privada).

¿Por qué usarla?:

- ¡Es totalmente gratuita!
- Es fácil de usar, no necesitas ser un experto en diseño web para crear un sitio profesional.

- Se integra con otras herramientas de Google: puedes conectar tu sitio con Google Drive, Google Docs, Google Sheets, etc.

En resumen... ¡es perfecta para quienes quieren una web profesional sin tener que ser un «site'ntífico»!

2. Descubre las tendencias en tiempo real con Google Trends

¿Te preguntas qué les pica la curiosidad a las personas de todo el mundo justo en este momento? ¡Pues Google Trends es una herramienta de análisis que permite explorar el volumen de búsquedas de un tema específico a lo largo del tiempo y en diferentes regiones!

¿Qué información proporciona?:
- Volumen de búsquedas: muestra la popularidad de un término o tema en comparación con otros.
- Tendencias a lo largo del tiempo: permite visualizar cómo ha evolucionado el interés por un tema a lo largo de un periodo determinado.
- Comparación de términos: posibilita la compa-

ración de la popularidad de varios términos de forma simultánea.

- Análisis regional: ofrece información sobre la popularidad de un término en diferentes regiones geográficas.
- Términos relacionados: sugiere términos relacionados con la búsqueda inicial, lo que puede ser útil para ampliar el análisis.

¿Para qué se utiliza Google Trends?:

- Investigación de mercado: para identificar nuevas oportunidades de negocio, analizar la competencia y comprender las preferencias de los consumidores.
- Optimización de contenidos: para identificar las palabras clave más relevantes que permiten optimizar el contenido de un sitio web y mejorar su posicionamiento en los resultados de búsqueda.
- Planificación de campañas de marketing: para diseñar campañas de marketing más efectivas y dirigidas a un público objetivo específico.

¡La próxima vez que quieras saber qué está pasando en el mundo, no dudes en echarle un vistazo!

3. ¡Alerta! ¡Google te avisa de todo!

¿Eres de los que no se pierden ni un detalle? ¿Te encanta estar siempre informado de lo último? ¡Entonces las alertas de Google te van a venir como anillo al dedo! Con ellas tendrás un flujo constante de información personalizada directo a tu bandeja de entrada.

¿Cómo funciona?:
- Ingresa una palabra clave o frase que te interesa (por ejemplo, «lanzamiento libro *100 Mandaciertos para dominar la tecnología*», «noticias sobre Android», «recetas saludables»).
- Cada vez que Google encuentre contenido nuevo en la web relacionado con esa palabra clave o frase, te enviará un correo electrónico.
- En los mails, encontrarás los enlaces a las páginas web donde se mencionó tu palabra clave.

¿Para qué sirven?:
- Mantenerte actualizado: ideal para seguir noticias, productos, eventos o cualquier tema que te interese.
- Monitorizar tu marca: puedes configurar alertas

con tu nombre o el nombre de tu empresa para saber qué se dice sobre ti en internet.

- Descubrir nuevas cosas: al seguir temas específicos, puedes encontrar artículos, blogs o vídeos que de otra manera no conocerías.

¿Cómo configurarlas?:

- Busca en tu navegador «Alertas de Google» y entra en el primer resultado.
- Escribe la palabra o frase que quieres seguir.
- Puedes elegir la frecuencia de las alertas (diaria, semanal), el idioma y la región.
- Crea la alerta, ¡y listo! Ya estás suscrito y empezarás a recibir correos electrónicos.

¡No se te escapará nada! Olvídate de los pósits y las agendas, ¡con Google todo será más sencillo!

4. Photopea: ¡el Photoshop para todos los bolsillos!

¿Quieres que tus fotos molen mogollón? Photopea es un editor de imágenes en línea gratuito que ofrece infinidad de herramientas y funciones similares a las de programas profesionales como Adobe Photoshop. Aunque... la buena noticia es que, al ser una aplicación web... ¡no requiere instalación y es accesible desde cualquier dispositivo con conexión a internet!

¿Por qué Photopea es tan genial?:
- ¡Es gratis!
- ¡Funciona en cualquier lugar! Solo necesitas una conexión a internet. Puedes editar tus fotos desde tu PC, tu tablet o incluso tu móvil.
- ¡Tiene mil millones de herramientas! Desde las más básicas hasta otras superprofesionales.
- ¡Es como tener un Photoshop en la nube! Sin ocupar espacio en tu ordenador y con todas las ventajas de estar sieeeempre actualizado.

¡Ya no tienes excusas para no editar tus fotos!

5. Aprende a buscar en Google como un pro

Existen unos trucos que te permitirán afinar tus búsquedas y encontrar exactamente lo que buscas de forma rápida y eficiente. Son unas palabras clave especiales para que Google entienda exactamente lo que quieres. ¿Suena bien, verdad?

¡Pues sigue leyendo y aprende cómo hacerlo!

- Comillas (""): para buscar una frase exactamente tal y como la escribes. Por ejemplo, «mejor receta de suflé de queso».

- Asterisco (*): es como un comodín. Si no recuerdas una palabra exacta, puedes reemplazarla con un asterisco. Por ejemplo, si no te acuerdas del nombre completo de una película, puedes buscar: «El diario de * Jones».

- Signo menos (-): sirve para excluir palabras de tu búsqueda. Si quieres recetas de tarta, pero no quieres que aparezcan las de fruta, puedes escribir: «receta de tarta –fruta».

- Site: limita tu búsqueda a un sitio web específico. Por ejemplo, si buscas la definición de una palabra en el diccionario de la Real Academia Española, puedes buscar: «site:rae.es definición de feliz» para encontrar la respuesta directamente en la RAE.

- Intitle: busca palabras que estén en el título de las páginas. Por ejemplo: «intitle:beneficios de la dieta mediterránea» te mostrará páginas que tengan esa frase en el título.

¡Combínalos!

Puedes usar varios de estos operadores para realizar búsquedas todavía más precisas. Por ejemplo: «receta de brownie de chocolate -huevo».

¡Prueba diferentes combinaciones y verás cómo cambian los resultados!

6. ¡A compartir archivos sin líos!

Snapdrop es una herramienta online que facilita la transferencia de archivos entre diferentes dispositivos (como ordenadores, móviles, tablets) siempre y cuando estén conectados a la misma red wifi. Funciona de manera similar a AirDrop de Apple, pero es compatible con un montón de sistemas operativos.

¿Cómo va esto?

1. Lo primero que necesitas es que todos los dispositivos con los que quieras compartir archivos estén conectados a la misma red wifi.

2. En cada dispositivo abre un navegador web y entra en <snapdrop.net>.

3. Busca los archivos que deseas compartir en tu dispositivo (fotos, documentos, vídeos, etc.).

4. Arrastra estos archivos y suéltalos en la ventana de Snapdrop.
5. Aparecerá una lista con los dispositivos conectados a la misma red. Elige el dispositivo al que quieres enviar los archivos.
6. En el dispositivo receptor aparecerá una notificación que indica que hay archivos para ti.
7. Acepta la transferencia y selecciona la carpeta donde quieres guardar los archivos. ¡Y listo!

¿Qué más se puede pedir?

7. Desarrolla aplicaciones multiplataforma con Flutter

¿Alguna vez soñaste con crear aplicaciones? Pues Flutter es un SDK (siglas en inglés de «kit de desarrollo de software») de Google que te permitirá crear apps nativas nada más y nada menos que... ¡para iOS y Android!

¡Vamos a darle caña!

- Un solo código para múltiples plataformas: Flutter te permite escribir una vez y ejecutar el resultado en múltiples plataformas, incluidos web, iOS y Android (lo que significa que puedes crear una app para todas tus plataformas objetivo sin tener que reescribir el código desde cero).

- Widgets personalizables: utiliza un enfoque basado en widgets personalizables para construir interfaces de usuario.

- Rendimiento nativo: Flutter compila tu código en código nativo, lo que significa que tus aplicaciones web se ejecutarán de manera rápida y fluida (y ofrecerán una experiencia de usuario similar a la de una app nativa).

- Hot reload: esta característica te permite ver los cambios en tu código en tiempo real, lo que agiliza brutalmente el proceso de desarrollo.

- Comunidad activa: cuenta con una gran comunidad de desarrolladores que comparten recursos, herramientas y conocimientos (lo que facilita un montón el aprendizaje y la resolución de problemas).

¡Convierte tus sueños de apps en realidad sin romperte la cabeza!

8. Busca, encuentra ¡y aprende con Google Scholar y Google Books!

¡Olvídate de perder el tiempo buscando en mil sitios web! Google Scholar y Google Books te ponen en bandeja los mejores artículos científicos, libros y tesis.

Cada una cumple una función específica. Google Scholar es ideal para quienes buscan artículos científicos y documentos académicos actualizados, mientras que Google Books es más adecuado para explorar libros completos o fragmentos de obras literarias y académicas.

Pasos para usar Google Scholar:

1. Ve a <https://scholar.google.com/>.
2. Emplea palabras clave relevantes (p. ej: «inteligencia artificial», «cambio climático»).
3. Utiliza los filtros de la izquierda para ajustar fecha, tipo de publicación, autor, etc.
4. Muchos artículos ofrecen acceso gratuito o a través de tu biblioteca.
5. Con la opción Citar puedes guardar referencias o crear alertas para nuevos artículos sobre un tema.

¡Y ahora vamos con Google Books!:

1. Accede a Google Books: <https://books.google.com/>.
2. Introduce el título, autor o tema que te interese.
3. Previsualiza fragmentos, consulta el índice y lee reseñas.
4. Si el libro está disponible, puedes comprarlo o leerlo directamente desde Google Books.

¡Explora, descubre y nunca dejes de aprender!

9. ¡Crea tus propios pósters en casa!

¿Alguna vez has querido tener un póster gigaaaa-aante en tu habitación de tu cantante, deportista favorito (e incluso de tu mascota)? Pues... ¡es mucho más fácil de lo que piensas!

¿Cómo?
1. Entra en la web Block Pósters y sube tu foto.
2. Define las dimensiones exactas que tengas en mente. ¿Quieres un póster más ancho que alto o al revés? ¡Tú mandas!
3. Block Posters dividirá tu diseño en un collage con hojas del tamaño que necesites.

4. Podrás previsualizar en todo momento cómo quedará el resultado final (incluso las medidas exactas que tendrá el póster). ¡Si no te convence, puedes seguir haciendo cambios!

5. Cuando quede tal y como necesitabas, guarda el PDF.

6. Y... ¡llega la mejor parte! Imprime todas las hojas y únelas con cuidado para formar tu póster gigante.

CONSEJOS TE DEJO

◇ Si quieres un resultado de 10, usa fotos de alta calidad. ¡Así no se verá pixelado!

◇ Para que tu póster dure más tiempo, plastifícalo. ¡Así lo protegerás del polvo y la humedad!

◇ ¿Quieres sorprender a alguien? Regálale un póster personalizado. ¡Seguro que le encantará!

◇ ¡Es perfecto para cualquier ocasión! Cumpleaños, fiestas, eventos...

¡Recuerda, la creatividad no tiene límites!

10. ¡Squoosh: la app que pone a dieta tus imágenes (reduciendo su peso)!

¿Tus fotos pesan más que un elefante? ¡Pues tengo una buena noticia! Squoosh es una herramienta desarrollada por Google que te ayudará a optimizar y reducir el tamaño de tus imágenes.

¿Cómo funciona?:

1. Simplemente arrastra la imagen que quieras comprimir a la interfaz de Squoosh.
2. La fotografía aparecerá dividida por una línea. En uno de los lados estará la imagen original y, en la otra, los cambios reflejados en tiempo real al aplicar cada tipo de compresión (OxiPNG, MozJPG, WebP, etc). ¡Hay más opciones que en una heladería!
3. Una vez que elijas los ajustes que prefieras, podrás descargar la imagen optimizada.

Es superútil porque:

– Reduce el tamaño de tus archivos de imagen, lo que es beneficioso si tienes limitaciones de almacenamiento.

– Aunque comprime las fotografías, esta app busca mantener la mejor calidad posible.

¡Y así es como tus imágenes se pondrán en forma ante tus ojos!

MANDADIVINANZA

No soy un libro pero historias guardo,
con fotos y juegos te tengo encantado,
con llamadas y mensajes te suelo atrapar,
¿quién soy que en tu vida no puede faltar?

OPCIONES:

a) Pasatiempos - 11011
b) Smartphone - 11100
c) Revista - 11101

Escribe aquí el código binario de la opción que hayas elegido:

¡Y llegó la hora del reto final: la sopa binaria!

Recuerda que tu misión ha sido encontrar los diez códigos binarios vinculados a las respuestas correctas de cada una de las *Mandadivinanzas*.

Cuando los hayas localizado se revelará una frase especial creada con todo el cariño del mundo. Un mensaje hecho para ti, que te acompañará siempre.

```
8 1 0 1 1 1 9 7 0 1 1 1 0 1 1
5 9 1 9 7 2 1 7 0 0 0 1 1 2 5
3 1 0 0 1 0 7 0 2 1 1 0 0 0 7
8 1 1 1 0 0 7 2 6 7 6 5 2 0 7
2 9 2 0 4 7 4 6 0 0 5 8 8 9 5
8 7 4 2 1 4 9 1 0 0 0 1 0 7 8
6 3 4 3 6 8 9 1 6 8 4 8 5 8 5
5 4 6 0 4 9 8 1 6 9 5 2 5 9 2
8 7 4 9 5 9 2 9 3 6 5 1 1 8 0
1 0 7 6 9 6 1 3 1 6 0 6 3 1 4
0 4 5 7 3 4 5 9 3 1 9 6 1 4 8
9 0 1 0 1 1 2 5 5 6 1 5 5 1 9
4 6 3 3 5 1 1 0 0 0 0 7 0 9 2
9 9 7 3 1 0 1 0 0 0 1 5 3 2 6
7 1 1 5 8 1 8 4 0 4 5 9 1 1 7
```

¡No hagas trampas! Antes de escanear este código QR, resuelve primero la sopa binaria. Luego, comprueba en la página 207 las soluciones y, si la has resuelto como un buen almendruco, ahora sí, ya será el momento de acceder al QR para descubrir algo cuco.

Si has llegado hasta aquí... ¡ya estás listo para aplicar estos *Mandaciertos*! La tecnología puede parecer complicada pero está para ayudarte (¡y yo también!), para que lo complicado se vuelva fácil y lo cotidiano, especial.

Nuestros dispositivos ya no son solo herramientas, son extensiones de nosotros mismos que nos ayudan a conectar con los demás, a organizar nuestras responsabilidades y a guardar nuestros momentos más preciados. Dominar la tecnología no solo nos da comodidad, sino que nos devuelve lo más valioso: nuestro tiempo.

Este libro nunca acaba, continuará cada vez que lo consultes o lo compartas. No lo dejes en un rincón... ¡úsalo, llévalo contigo y hazlo parte de tu rutina! Cada truco que aprendas es un pequeño gran acierto.

Quiero agradecer de corazón a dos personas muy importantes en este proyecto. A Gonzalo Eltesch, quien hizo realidad este libro al contactarme y brindarme la oportunidad de soñar despierta (aunque en mis sueños siga soñando). Y a mi editora, Ariane Ruiz de Apodaca, por orientarme mejor que el GPS en este viaje tan especial.

Y, por supuesto, también quiero dar las gracias a mis cuatro personas especiales: a mi madre, por estar siempre ahí, por ser también mi mejor amiga, ayudarme incondicionalmente y por su generosidad (aunque ella diga que no, siempre que lo necesito, se convierte en mi «estilista», «peluquera», etc, etc... una artista, vaya. ¡Aah! Ella también es la autora «secreta» de taaaantas *Mandadivinanzas*, detalles de este libro y de mi proyecto de Toque De Retoque en general... es increíblemente creativa, especial y buena y mi ejemplo a seguir). A mi hermana Lydia, por ser mi cómplice, apoyarme tanto desde el primer día y por ser mi consejera más sincera. A mi tía Ana, por escucharme siempre. A mi pareja José Luis, por llenarme de alegría y por estar a mi lado animándome a perseguir todos y cada uno de mis sueños. Y, cómo no, GRACIAS a ti, por hacer que cada *Mandacierto* cuente.

Recuerda que ahora mandas tú y acertarás siempre (¡sin necesidad de milagros!)

Con todo mi cariño,

LAURA SÁNCHEZ GUTIÉRREZ

SOLUCIONES

p. 32: La electricidad – 00010

p. 47: Teléfono – 00011

p. 65: Un smartwatch - 01000

p. 83: Ordenador – 01011

p. 101: Televisión – 01110

p. 115: IA – 10000

p. 134: La fotografía – 10010

p. 159: Radio – 10111

p. 183: Informática – 11000

p. 200: Smartphone - 11100